T

大美
TINGZHOU
汀州

客家首府

主　编　肖剑南

执行主编　李文生　付进林

社会科学文献出版社

SOCIAL SCIENCES ACADEMIC PRESS (CHINA)

序一

　　"一川远汇三溪水，千嶂深围四面城。"闽赣边陲要冲，一条唤作"汀江"的客家母亲河，孕育了一座古老而又美丽的山城——长汀。我对长汀的认识、了解以及倾慕由来已久，在省里工作时，就曾多次到长汀，感受到汀州客家文化的淳朴厚重、博大精深。及至履新龙岩，又几经访汀，饱含中原韵味的客家文化，丰富多彩、开放包容的风俗文化，彪炳史册、光照千秋的红色文化，天人合一、自然和谐的生态文化，让我深受感染和教育。

　　长汀，历史悠久、底蕴深厚，是久负盛名的历史名城。"唐宋元明清皆谓金瓯重镇，州郡路府县均称华夏名城"，从盛唐到清末，长汀都是闽西的政治中心、经济中心、文化中心。遥想当年，"十万人家溪两岸，绿杨烟锁济川桥"，商船码头、桨声篙影，"上河三千，下河八百"，一片繁华景象。古城墙、古城楼、古井、试院、文庙、天后宫、城隍庙等古迹，以及传统街区、家祠家庙、会馆、民居历经千年风雨古韵犹存，时刻诉说着古城汀州的过往，见证着古城汀州的辉煌。

　　长汀，文化厚重、璀璨多姿，是享誉中外的客家首府。自晋代"永嘉之乱"以后，客家先民背负中原文明，衣冠南渡，筚路蓝缕，将中原优秀文化带到闽山汀水，融入血脉、赋予浓情，世世沿袭、代代传承，凝结成独具魅力的汀州客家文化，使长汀成为客家传统艺术的策源地和传播中心。客家母亲河——汀江静静流淌，孕育了一代又一代客家儿女，而作为客家人发祥地和大本营的汀州，亦被誉为世界客家首府，成为海内外客家人寻根谒祖的圣地。

长汀，星火燎原、红旗不倒，是光耀神州的红军故乡。朱德总司令曾感慨道，在长汀的意外战果，是革命发展的转折点。土地革命战争时期，以毛泽东为代表的中国共产党人，在长汀进行了伟大的探索和实践，留下了红军入闽第一仗、红军第一个军团建制、中央苏区第一所红军医院、红军第一次统一军装、红军长征第一村等革命斗争史迹。中华苏维埃国家银行福建分行、闽西工农银行、中华贸易公司、中华纸业公司、中华织布厂、中华运输管理局福建分局等金融贸易机构相继在汀设立，长汀成为中央苏区的经济中心，被誉为"红色小上海"，对粉碎国民党反动派对中央苏区的经济封锁，发挥了巨大的作用。

长汀，山水秀美、景色怡人，是宜居宜业的生态家园。中华人民共和国成立以来，长汀人民持续发扬"滴水穿石，人一我十"的精神，采取一系列措施治理水土流失。特别是近年来，长汀人民牢记习近平总书记"进则全胜，不进则退"的嘱托，在更高起点上打造"长汀经验"升级版。昔日的火焰山，如今森林茂密、瓜果飘香，变成了花果山，实现了荒山到绿洲的华丽蜕变。长汀水土保持和生态建设的成功实践，被誉为"我国南方地区水土流失治理的一个典范"。

"追昔是要抚今，继往更需开来。"这些历史的足迹和时代印记，属于长汀，属于53万长汀人民，也属于闽西300多万老区人民，更是中华民族悠久灿烂文化的重要元素，历久弥珍。我们需要有这样一种书，从既往的实践探索中，记载城市的变迁、进步与成就，留住身边的美好，珍藏和重拾那些珍贵的记忆。"大美汀州"丛书由此应运而生，该丛书分《历史名城》《客家首府》《红军故乡》《生态家园》《长汀映像》5辑，上溯文明发端、下迄今日辉煌，是深度挖掘、高度提炼、广度宣传长汀悠久历史和灿烂文化的力作，也是系统反映长汀发展、全面反映长汀历史的百科全书和资料性文献。相信该丛书的推出，定将有益于引领广大读者走进长汀这座"客家博物馆"，汲取艰苦奋斗、开拓奋进的正能量；有益于提振广大闽西人民的精气神，使闽西人民以更加奋发有为的状态投身改革发展大潮，向全面建成小康社会的宏伟目标奋勇前进。同时，也期许有更多此类作品出现，更好地传承客家传统文化和红色基因、弘扬客家精神和红色传统，为建设机制活、产业优、百姓富、生态美的新龙岩做出新的更大贡献。

是为序。

中共龙岩市委书记　李德金

2016 年 7 月

序一

故事纷呈绘华章

　　一大摞文稿集结成 5 本样书摆在案头，拜读一遍后的印象是：厚重、精彩、气势恢宏；5 本书从多个分支文化的角度讲述了引人入胜的长汀故事，组合成洋洋大观之"大美汀州"丛书，我当为策划与编撰者点赞！

　　福建西部、闽赣边陲、武夷山南段，有一片 3099 平方公里的神奇土地，这里千山竞秀、群山叠嶂，物华天宝、人杰地灵。这便是古置汀州、今为长汀县的我的家乡。这片热土，始拓蛮荒、石器发蒙、汉代建属、西晋置县、盛唐开州，至宋元明清设置，均为州郡路府衙署，遂为八闽客家首府，"阛阓繁阜，不减江浙中州"。在漫长的历史文明进程中，汉族客家民系客家人于此聚族生息、客居安家，孕育了勤劳智慧勇敢敦厚的汀州儿女，衍生了历史名城文化、客家文化、红色文化、生态文化、美食文化、乡土文化等文化基因，促成了汀州这片神奇乡土的繁华与荣光，书写了大美汀州无穷的传奇故事。

　　作为文明发祥勃兴之地，自蒙启鸿荒而生生不息，毓炼着人类文明秉性，穿越青史风尘而告别昨天来到今天。天缘地幸之汀州古城，便理所当然要成为国家级"历史文化名城"。1000多年前盛唐的那位"太平宰相"张九龄做客其时汀城"谢公楼"后，情不自禁写下《题谢公楼》，由此使谢公楼铭刻于文学、铭刻于历史。更甚者，这位曲江公竟要将汀州与他深爱的故土相比，不得不说："景色虽异，各有千秋，此地不亚于岭南风光。"这就是名城之历史、历史之名城！曾有人百思不解汀城的"十二城门九把锁"，京城才有"九门"呢！还有那"观音挂珠"的城池，好像在张开博大胸襟、笑吟吟迎接客人。唐宋城楼、明清古街，如是历史文化加名城，实至名归矣！

当年南迁汉民，披荆斩棘、筚路寻梦，在困境之际，是汀州母亲接纳抚慰了他们，从而得以安身立命、养欣一方。于是，飘零的心在这里依偎，暖融融的炊烟在这里升腾，文明的薪火在这里燎燃。于是，发源于此的汀江成为客家母亲河，世界客属循年聚此公祭朝拜，客家人用慈茂恩深的赤诚，熔铸了慎终追远、博大雍容的客家文化风情。

1938年，国际友人路易·艾黎来到长汀创办了"中国工业合作协会"，一番考察之后感叹："中国有两个最美丽的小城，一个是湖南凤凰，一个是福建长汀。"是啊，长汀至美，"一川远汇三溪水，千嶂深围四面城"，风光旖旎、诗情画意，山、水、城、景、街、居均富古韵，怎不让人流连忘返。而那城建格局与景观形成的"三山对三景，三水一轴线"，使城在山中，江在城中，真道是：水为根、绿为主、文为魂、人为本，怎个"最美丽的小城"了得！

1937年，朱德总司令在延安深切地对采访他的史沫特莱直言，在长汀的意外战果，是革命发展的转折点。[1]当年长汀的"闹红"，曾使党中央把长汀作为"首都"的首选地，后来长汀成了红色政权的"经济首都"，作为苏维埃共和国的"第一市"，被誉为"红色小上海"。苏维埃的几十个"第一个"在这里诞生，建立新中国的几十位元勋，包括毛泽东、周恩来、

---

1 转引自〔美〕艾格妮丝·史沫特莱《伟大的道路》，梅念译，东方出版社，2005，第288页。

刘少奇、朱德、邓小平、陈云等，均在这里留下战斗的足迹，长汀被称为"毛泽东思想策源地之一"，也是长征征程的"出发地之一"，更被红军战士们亲切地称为"红军故乡"。毛泽东喜欢红色，"红旗跃过汀江""风展红旗如画"，红色是中国共产党人革命的代名词。长汀是孵化红色文化的红土地，是革命的人们抒发红色情怀、传承红色基因、弘扬红色精神、释放红色能量的"红色家园"。

中国人特别推崇的"五行"文化思想中，有两个基本元素，这就是"水"和"土"。如放到人类生存的地球来考量，火（能源）、金（矿产）、木（森林）、土（土壤）形成的是"大土地"，它与"水"组成了辩证关系。所谓"五行"，实际是讲人与大自然的关系在很大程度上不过就是"水土"关系。于是便有了"服水土""一方水土养一方人"等格言。上苍恩泽，长汀原本属于水资源还算丰富的地方，处于中亚热带季风气候区，多年平均降水量达 1737 毫米，年平均水资源量有 41.57 亿立方米，流域面积 50 平方公里以上的河流有 17 条，地下水资源也还丰富。从"土"的情况看，地貌以低山为主，低山丘陵占总面积的 71.11%，其中红壤占 79.81%。可见，长汀的"水"与"土"相辅相成，原本是"水土相服"，故才有了较佳的生态系统，才构成了那一派郁郁葱葱的"田园风光"。然而，事情总有两面性，长汀的生态环境也隐藏着特殊的脆弱性。其一，在气候方面，降水集中，年际变化又大，且多暴雨，常造成大面积的洪涝崩山，自然灾害不断；其二，在地质与土壤方面，由于境内成土岩主要为砂质岩、泥质岩、酸性岩类，其风化物发育而成红壤和黄壤，一旦坡地植被遭受破坏，土壤侵蚀就迅速加剧；其三，在地形方面，地貌类型以丘陵、低山为主，恰好最易造成水土流失。加上人为的战乱、乱砍滥伐、无度开发等因素加重了植被人为破坏，从而使长汀成了我国南方花岗岩地区水土流失最为严重的区域，"柳村无柳、河比田高"，水土流失面积最高曾达到全县国土面积的 31.5%。

有着战天斗地精神和革命传统的长汀人民，于是展开了顽强的水土治理的长期抗争。尤其是改革开放以来，几十年的薪火不断。1999年时任代省长的习近平同志提出："要锲而不舍，统筹规划，用10年到15年时间，争取国家、省、市支持，完成国土整治，造福百姓。"一场水土治理攻坚战全面打响，终于赢得了春华秋实。2012年1月8日，习近平同志做出批示："要总结长汀经验，推进全国水土流失治理工作。""长汀经验"继而传遍神州大地。几十年来长汀人民坚守励精图"治"信念，谱写了一篇篇感天动地的水土治理华章，描绘着长汀"生态文化"的传奇。

《列子·天瑞》中有句话："有人去乡土、离六亲、废家业。"自此，乡土二字便与一个人的出生地关联起来，乡土也被叫作故土、本土，每个人提到这二字都会感觉是那样的亲切、温馨，也希望获得与乡土有关的文化知识。我清楚记得在中学初中阶段，历史老师给我们这些青少年讲授"长汀乡土文化"的情景。睿智的老师还自行编了本薄薄的"长汀乡土知识教材"，带领着我们去参观城郊的"蛇王庙"、城里的"天后宫"，生动地为我们讲述汀州奇特的"严婆崇拜"等。于是，长汀的乡土文化便扎根在我们细嫩的心灵中、发芽在我们的心田里；于是，故土庄严、家乡情结伴随着我们的人生。

是的，一个人出生地相关的历史地理、民俗风情、传说故事、古建遗存、名人传记、传统技艺、村规民约、家族家谱、古树名木等，对于生于斯长于斯的人们来说，具有通灵之性，能陶冶情操、传承渊源，这便是作为文化一个分支的"乡土文化"。乡土文化是中华民族得以繁衍前行的一种精神寄托和智慧结晶，是民族凝聚力和进取心的一种重要动因，是区别于其他文化的唯一特征，是难以替代的无价之宝。长汀是乡土文化的肥沃之土、天成宝库。难能可贵的是，丛书对此也占有一定的分量，体现出长汀的文风不振、福地洞天。

长汀故事的素材何其多、何其足，长汀有着讲不完的故事！如今，人们可以通过这套丛书去深情领略、细细品味，感心动容地去抚摸这"大美汀州"。谨此，我们要真诚感谢福建省委党校和长汀县的主事者及丛书的所有写作者们。

一年多前，曾有媒体将当年路易·艾黎所盛赞的中国两个最美小城做出对比，写出专文《从凤凰传奇，看长汀能否重生》。文中指出："同样是外国友人眼中的最美小城，如今凤凰古城已经是全国鼎鼎大名的旅行地，相比之下，闽西长汀的知名度相距甚远。"

真乃一语中的！"相距甚远"的原因自然多多，主客因素也诚然不少，但这"知名度"的差距的确也是关键所在。

习近平总书记一再倡导讲好中国故事，并亲身践行，他强调要提升我国软实力，讲好中国故事，做好对外宣传；还特别指明，文艺工作者要讲好中国故事、传播好中国声音、阐发中国精神、展现中国风貌，让外国民众通过欣赏中国作家、艺术家的作品来深化对中国的认识、增进对中国的了解。总书记提出的这个重要命题，值得我们认真领悟。治国如是，地方治理亦然！故事比那些抽象的概念、直接的宣示更吸引人、感染人，也更让人深悟其中之道。会讲故事是一种能力、一种水平，各级领导尤应有这种智慧。我们欣喜地看到长汀主事者们的这种能力、这种水平、这种智慧，真乃家乡幸甚！

丛书主编方再三邀我写序，盛情难却，写下这许多，就教于读者。权以为序。

谢先文

2016 年 5 月 1 日于福州

序二

　　"天下水流皆向东，唯有汀水独向南。"汀江水悠悠流淌，庇护着客家人开基、创业、繁衍、生息……汀州城枕山临溪，默默承化，成就了历练千年的历史名城、名扬天下的客家首府、光耀神州的红军故乡和红军长征出发地、南方水土保持的典范。

　　汀州，向来从容淡定，以自身的魅力连接历史，走向未来。窄窄的街巷、仄仄的青石板诉说着历史的沧桑。汀州，自唐始设州，至清末均是州、郡、路、府所在地，古代闽西的政治、经济和文化中心。不必说"十万人家溪两岸"，不必说"十二城门九把锁"，这些都不足以描绘当年她那万商云集、车水马龙的繁盛景象。就单单那规模宏大的汀州古城墙、精美绝伦的汀州试院、独具匠心的汀州文庙、古色古香的店头街……历经岁月淘洗愈显古韵风情。难怪新西兰国际友人路易·艾黎发出这样的感叹"中国有两个最美丽的小城，一个是湖南凤凰，一个是福建长汀"。

　　历史选择了汀州，汀州选择了客家。"永嘉之乱"后，成千上万中原汉人为了躲避战乱、灾荒，衣冠南渡，几经跋涉来到汀江流域开拓创业，历经三次南迁，后定居于汀江流域，在与原住民相互融合中，最终形成汉民族中一支独特的民系——客家。漫步在古家祠、古家庙、古会馆、古府第等客家建筑群中，悠扬的客家山歌从远处传来，淳朴的客家民风映入眼帘，诱人的客家美食香气扑鼻，你会知道汀州与客家已完美融合在一起。重重叠叠的大山没能挡住汀州客家包容的胸怀、开放的目光，客家人沿着汀江乘风破浪，遍布五湖四海，成为世界上分布最广的民系之一，从此客家母亲身负褓褓、翘首以盼的慈祥形象成为客家人永远的乡愁。

汀州定然没有想到，会与红色结缘，成为叱咤风云、造就英雄的革命圣地。1929 年 1 月，毛泽东、朱德率领中国工农红军第四军，从井冈山出发，3 月入闽，并在长岭寨取得了红四军入闽第一仗的重大胜利，一举解放了汀州，建立了中国第一个红色县级政权——闽西苏维埃政府，红军在此得到补充休整和发展壮大。数万汀江儿女义无反顾参加红军，开始了震惊中外的万里长征。在血与火的洗礼中，仅长汀县就有在册烈士 6677 人，涌现了张赤男、罗化成、段奋夫、王仰颜、陈丕显、杨成武、傅连暲、童小鹏、梁国斌、黄亚光、张元培、何廷一、吴岱等许许多多无产阶级的忠诚战士，他们和长汀人民一道为中央革命根据地的创建和红军长征的胜利做出了巨大牺牲。

历史的光环一直引领着汀州百姓，先辈的精神一直激励着老区人民。作为我国南方红壤区水土流失最严重的县份之一，长汀人民始终"听党的话，跟党走"，用三十年坚守一个绿色梦想，用三十年诠释一种长汀精神，用三十年总结一条长汀经验。"滴水穿石，人一我十""党政主导、群众主体、社会参与、多策并举、以人为本、持之以恒"，历史再一次把汀州推向舞台中央。2011 年 12 月 10 日和 2012 年 1 月 8 日，习近平同志先后两次就长汀水土流失治理和生态建设做出重要批示，长汀实践也被水利部誉为福建生态省建设的一面旗帜、我国南方地区水土流失治理的一个典范。

美哉，汀州！令人神往的山，令人陶醉的水，令人留恋的城；壮哉，汀州！让人沉思的底蕴，让人赞叹的文化，让人景仰的精神。"大美汀州"丛书是了解汀州的一个窗口，是一部生动的地方人文教科书，在新的历史时期具有重要的现实意义和时代价值。相信该丛书的推出，定能激励和鼓舞全县 53 万老区人民坚定长汀自信，在新长汀建设征程中再续传奇、谱写华章。

中共长汀县委书记　廖深洪

2016 年 7 月

目录

C O N T E N T S

第一章
客从何来

第一节　根在中原……………………… 3

第二节　万里南迁………………………11

第三节　汀江哺育………………………20

第二章
首府汀州

第一节　政治中心………………………29

第二节　经贸重镇………………………35

第三节　文化之都………………………50

第三章
客韵流芳

第一节　祖训家风………………………57

第二节　民俗风情………………………82

第三节　传统技艺……………………… 120

第四节　客家山歌……………………… 147

第四章
走出汀江

第一节　汀江起航……………………… 187

第二节　南迁粤东……………………　193

第三节　横渡海峡……………………　197

第四节　西迁赣蜀……………………　203

第五章
留住乡愁

第一节　寻根谒祖……………………　211

第二节　回报桑梓……………………　216

第三节　母亲河祭……………………　226

第四节　汀江乡愁……………………　251

主要参考文献……………………………　256

后　记　……………………………………　257

第一章

客从何来

| 大美汀州 | 客家首府 |

唐末宋初，战祸天灾接踵而至，中原汉人饱受磨难被迫迁徙南方。他们南迁到哪里，就在哪里与当地原住民融合，就在哪里落地生根、建设新的家园。在中原难民滚滚迁徙的大军中，有一支汉人跨越黄河、渡过长江、进入鄱阳，在鄱阳湖地区繁衍生息。几百年后，这些南迁汉民的后裔又溯赣江而上迁徙到闽粤赣边，他们带来了先进的生产力和中原文化，并与当地原住民融合后成为客家的先祖。

第一节
根在中原

一亿多的客家人遍布全球，凡是有华人的地方，就有客家人。1000多年来，勤劳勇敢的客家人为中华文明和世界文明做出了卓越的贡献。他们不论走到哪里，身处何方，总是魂牵梦绕心中的家园、祖先的故土。

客家人的根在哪里？

● 黄河

　　带着这个疑问，我们把视线移回到那远古的岁月，追根溯源，那是一条古老而神秘的河流，她以其博大的胸怀和休养生息的港湾，把儿女们拥入自己的怀抱，孕育了一个顶天立地的中华民族。她，就是中华民族的母亲河——黄河。

　　客家，南迁的中华汉民族的一支优秀民系，黄河自然也是客家人的母亲河。

　　"登北邙，气象万千，广阔无垠，伟伟乎中原大地；观黄河，波涛澎湃，奔流不息，悠悠然华夏摇篮。"当你登上河南洛阳的北邙山巅，面对黄河悠悠然九曲于广袤千里的中原大地时，可曾听到古老而神秘的摇篮曲？它，时而雄浑悲壮，时而缠绵柔美，那激越而纯朴、天润而自然的旋律，萦绕天际，回荡心田……

　　"君不见黄河之水天上来，奔流到海不复回。"黄河之水，源于青藏高原的巴颜喀拉山北麓，一路曲折东流，出青海，入甘肃，上宁蒙，下陕晋，

● 黄河母亲雕塑

经河南，过山东，沿途接纳湟水、渭河、洛河等，历经 5464 千米的行程，直泻渤海，为中国第二长河。从中国地图上看，黄河像一个巨大的"几"字，蜿蜒于祖国辽阔的北方。

黄河，哺育着自己的儿女，她塑造了具有"塞上江南"美誉的宁夏平原与河套平原，塑造了美丽富饶的华北平原。黄河塑造的这块辽阔的中原大地，生生不息繁衍着一群群生机勃勃的龙的传人。

黄河、中原大地，中华民族文明的摇篮，客家儿女根的源泉。

我家住在黄土高坡，

大风从门前刮过，

不论是西北风还是东南风，

都是我的歌……

这曾是一首风靡大江南北的歌曲，道出了许许多多黄皮肤的人临风于黄土地时自然涌动的情感。可以这么说，黄土高原上的每一抔土都是一段神奇的故事，每一阵风都是一首动人的信天游。

很久很久以前，远在中亚、蒙古高原的地面岩石，在风化作用下不断地破碎成粗细不等的颗粒。每遇大风往往风卷沙尘，遮天蔽日。粗大的石粒残留原地，成为戈壁；颗粒较粗的沙子被风带到近处沉落下来，形成浩瀚的沙漠；而颗粒细小的粉砂，则随风南下，当风力减弱或遇到秦岭等高山阻挡时，便纷纷扬扬地飘下来。经过亿万年不断地累积和环境的演变，逐渐诞生了"黄土高原"——真可谓"风吹来的黄色高原"。它西起祁连山脉东端，东达太行山麓，北邻内蒙古高原，南至秦岭，绵亘黄河中上游，纵横几千公里。由于黄土质地疏松，经径流切割，高原呈现千沟万壑的状态。这是大自然在漫长岁月里的杰作。

来历不凡的黄土地，经历也不平凡。中国古代神话传说，人类始祖女娲，用黄土高原上的黄色土壤造人，她手捏鞭甩，须臾间便儿女成群。其中，有一个佼佼者，名叫轩辕氏，他凭着过人的智慧与勇武，日后成了中华民族的人文始祖——黄帝。这位被称为"中华始祖"的黄帝带领自己的儿女们在风雨雷霆和电光野火的大自然中，追逐野兽，捡拾野果，而后从百草中选出稻麦，从禽兽中选出鸡犬，种植五谷，驯养牲畜，促使这个部落逐步走向强大。日复一日，年复一年，后裔们在劳动、在斗争、在发展，用汗水和鲜血缔造了美丽富饶的"八百里秦川"与"塞上江南"，给荒凉的黄土铺上一层锦绣。从此，浸透了黄皮肤血汗的黄土成了圣地。

《左传》记载，春秋时，晋国公子重耳因宫廷权力斗争被迫流亡境外。一日，他与随从亡命至卫国的五鹿，向正在田间劳作的一位农夫乞食："我们已经饿了好几天，求你给我们弄点吃的东西吧！"出乎意料的是，那农夫当即从田地里捧起一块黄土献给重耳。重耳虽然恼怒，却以为这是"天赐"，便高兴地稽首受而载之。后来，中国的帝王们把疆土赐封给公侯时，总要取一抔黄土递给被封的人。

古代帝王们祭天有天坛，祭地有地坛。北京的社稷坛便是明清两代皇帝祭地以祈五谷丰登的场所。该坛依"天圆地方，内圆外方"的构思，以五色土壤筑成：东为青土，南为红土，西为白土，北为黑土，中间嵌着一大块圆形的黄土。这图案令人深思：黄土为何居于土坛中心？因为中原的黄土来历不凡，浸染先辈血汗，是能够生长五谷的泥土，是中华民族传统中最高贵的泥土。

清明时节，八百里秦川，风如酥，花似火。在陕西省黄陵县（原名中部县）——中华民族的发祥地，到处弥漫着神圣肃穆，到处弥漫着激动虔诚。桥山之巅的中华第一陵——黄帝陵，青烟袅袅飘逝，纸蝶悠悠飞扬。十万之众的守灵队伍簇拥在黑色陵碑前，祭祀先祖，祷告上苍，表达了民族凝聚的力量。

置身秦川的黄天厚土，轻抚萋萋墓草，顿觉英灵碧血尚热。凝眸山下，洛水依依南去；极目四方，黄河九曲回肠。那怀古的幽思，随"大风起兮云飞扬"的雄浑旋律，飞向五千年前，无尽地追想，追想那无尽的历史烟尘。

相传，中国原始社会氏族公社时代有三大部落集团：黄河中游流域的华夏部落集团、黄河下游的东夷部落集团、长江流域的苗蛮部落集团。其中，华夏部落集团以辽阔的疆土、众多的成员和强大的军事力量而称雄天下。

古文献记载，黄河中游流域的陕西黄陵县境内，有一个以"龙"为图腾的部落，部落酋长名叫轩辕氏（即黄帝），他提倡种植五谷，驯养牲畜，发明衣服、舟、车，制作黄钟大吕之乐，并命史官仓颉造字，促使这个部落逐步走向太古的物质文明和精神文明。

为了庶民的富裕安康，黄帝部落蒸蒸日上之时，又与生息在陕西宝鸡境内的炎帝部落联袂，组成华夏部落集团，共同建设美丽的中原大地。

炎帝又称神农氏。在炎帝的号召下，炎帝部落刀耕火种，种植高粱、小米和蔬菜，摆脱了人类只靠野果、野菜生活的困境，成就了原始农业的开端。他又尝百草、究药性、对症下药，为人类治疗疾病，乃有了传世5000多年的《神农本草》来造福百姓。他贡献巨大，把部落引向了富强，人民拥护、爱戴他，把他与黄帝一起称为中华民族共同始祖。

炎帝和黄帝组成华夏部落集团不久，蚩尤向炎帝发动战争，残酷杀害炎帝子民，以致"九隅无遗"。黄帝替天行道，统率自己"龙"族儿女和"熊""罴""虎"等部落同仇敌忾，讨伐蚩尤，在冀州涿鹿与蚩尤展开了一场惊心动魄的恶斗。涿鹿四面环水，是个易守难攻的战略要地。作战时，黄帝陈兵河南岸，他命令河神"应龙"悄悄吸尽河水，以使正义之师渡河北上攻击涿鹿。蚩尤发现后，急忙请来风神、雨神助战。顿时，晴朗的天空风起云涌，雷电大作，旋即，飞沙走石，暴雨倾盆。在狂风暴雨中，"应龙"吃力地大口吞吐。黄帝见状，欲鸣锣收兵。此时，受天帝派遣到人间除恶的天女"魃",挥舞彩练,满天飘飞。转瞬间,风雨停止,云散日出。黄帝以雷兽之骨猛击兽皮鼓,挥师冲下河床,在淤泥中飞奔前进。蚩尤傻了眼,惊魂甫定便仗剑作起法来,口中念念有词。一霎间,天地间大雾弥漫,东西难辨,三步之遥,不见人影,人们仿佛回到盘古开天辟地前的混沌世界。如是三天三夜,被困在淤泥中的黄帝部属饿死过半。到第四天,黄帝命"风后法斗机"(星名)制成了指南车,识别了方向。他集合余部,背水一战,以破竹之势直捣敌方老巢,擒杀了罪魁祸首蚩尤。涿鹿之战后,东夷部落集团作鸟兽散,有的前往蓬莱,有的加盟炎黄,有的入伙苗蛮。自此,黄河流域成了炎黄的"大同"天下。

几度风雨,几度春秋。炎黄二帝的华夏儿女们世代繁衍,四方播迁。在黄河流域这块广袤神奇的中原大地上,诞生了一支闻名于世的优秀民族——汉族,创造了万古流芳的中华文明。

● 炎黄二帝雕像

从某种意义上说，没有炎黄二帝，便没有汉族。

炎黄二帝后，先后又有尧、舜、禹等首领继往开来，繁衍四方，"禹传子，家天下"，中华民族从原始社会进入阶级社会。夏商周，秦汉三国，西晋东晋，南朝北朝，隋唐五代，宋元明清，几千年风风雨雨，几千年酸甜苦辣，炎黄子孙以顽强的生命力和无穷的创造力，战胜种种难以想象的艰难险阻，创造了灿烂的中华文明，涌现了无数的民族骄子。

千百年来，中华儿女一直怀着崇敬的心情祭祀炎黄这两位伟大的始祖。在黄河之滨的郑州，高达100多米的炎黄二帝的巨大雕塑屹立在中原大地上，用那慈祥的目光关爱着华夏儿女。为了纪念黄帝，后人在他的诞生、成长之地——陕西黄陵修筑陵墓和祭祀大殿。每逢清明时节，历代统治者都要亲自或派出自己的代表赴黄帝陵祭奠。据《史记·封禅书》记载，早在公元前424年，秦灵公就在黄帝陵隆重祭祀黄帝，这是有文字记载的我国最早的官方祭黄活动。1911年辛亥革命胜利后，孙中山亲自前往黄帝陵祭拜。1937年，在民族危亡关头，国共两党的蒋介石、毛泽东同时派代表祭黄，成为历史佳话。中华人民共和国成立后，中央人民政府也派出领导人出席陕西省人民政府每年举办的祭黄活动。此外，民间祭黄活动也延绵不绝，当地大批老百姓纷纷朝山参拜，焚香祭奠。近年来，专程前往黄帝陵寻根祭祖的海外华人日渐增多。特别值得一提的是，2005年5月6日，亲民党主席宋楚瑜率领亲民党大陆访问团祭拜了黄帝陵，谱写了炎黄子孙不忘本、两岸和平一家亲的新篇章。2015年清明节，陕西省人民政府在黄帝陵举行一年一度的公祭黄帝大典，全国政协副主席马飚敬、陕西省领导、中国国民党荣誉副主席蒋孝严，台湾新党主席郁慕明一起祭拜中华民族的祖先黄帝。同年6月，由国务院台办、国家旅游局、中国文联、中国侨联、中华炎黄文化研究会、湖北省人民政府在湖北随州共同主办了拜谒炎帝（神农大帝）大典，海内外近万中华儿女相聚随州，共襄盛举。

● 祭拜黄帝陵

　　客家人根在黄河，源自中原，同属炎黄子孙。他们的先辈为避战乱和饥荒而告别中原故土，历经千载，辗转南迁，终于结穴汀州，薪火相传，播衍南国，远渡南洋，乃至全球，创造了举世瞩目的客家文化，形成了独一无二的客家精神，丰富了中华文明博大精深的内涵。但他们总忘不了自己的根在广袤无垠的中原。每年都有一批又一批的客家人从世界各地回到故土，朝圣黄帝陵，凭吊始祖英烈。一举手，一投足，都显得特别激动，特别虔诚，因为这里是客家儿女心中所寄托的精神家园。

第二节
万里南迁

　　回想那远逝的岁月，商丘、安阳、西安、洛阳、开封乃至整个中原大地地理位置优越，气候温和，交通便利，又是历朝历代的都城，全国政治、经济、文化中心。

　　然而，随着社会的发展，生产力水平的不断提高，阶级矛盾的日益尖锐，到了后来，这块炎黄子孙的锦绣大地，被一个个兵家当成了逐鹿的场所，这块华夏儿女长期厮守的家园的安宁被彻底打破。历史的烟尘中，隐约可见古战场上刀光闪烁，剑影缭乱，那逝去千年的马蹄声、战鼓声、呐喊厮杀声自远古飘来，商汤灭夏，武王伐纣，五霸纷争，七雄相煎，秦扫六合，楚汉火拼，三国鼎立……加上自然灾害，多少生灵涂炭，多少燕赵悲歌，多少流离失所。于是，有了中原汉人的第一次大迁徙。

　　公元 265 年，司马氏统一了南北，结束了三国纷争的局面，建立了西晋王朝。不久，又起战事，刚从废墟中站起来的中原儿女，再度卷入残酷的战火硝烟中。西晋惠帝永平元年（公元 291 年），手握重兵的八王（即汝南王亮、楚王玮、赵王伦、齐王冏、长沙王乂、成都王颖、河间王颙、东海王越），为了争夺中央政权，先后起兵，相互混战，八王之间的中原逐鹿，极似战国后期的"合纵连横"，各王为了自身利益，时而加入"合纵"，时而加入"连横"，反复无常，可谓"朝秦暮楚"。八王混战，主要

11

在以洛阳为中心的区域展开，涉及山西、河南等广大中原地区。其规模之大，战斗之烈，次数之多，时间之长，实属空前。一次在洛阳城北郊的混战，八王共投入兵力50多万，厮杀数月，死伤过半。这场历时16年，大小战役上百次的"八王之乱"，致使"群雄争中土，黎庶走南疆"。一批又一批的中原男女，争相南逃，迁往江淮一带和长江流域的鄱阳湖地区，另谋生路。

内乱刚息，外扰又至。西晋怀帝永嘉年间，早在东汉三国时从西北边疆内迁中原的匈奴、鲜卑、羯、氐、羌等少数民族（史称"五胡"），趁晋室元气大伤之机，纷纷啸聚，争夺中原霸主。匈奴首领刘渊（汉名，原匈奴名无考）率先发难，挥师10万，从山西一路而来，铁蹄所过之处，十室九空，满目疮痍，一片萧然。匈奴兵南渡黄河，西面合击洛阳，其中一部由刘渊直接指挥，在北郊与晋兵血战两昼夜。城破后，刘渊俘虏了晋怀帝，下令兵士屠城三日，杀死官民几万人。据地方志记载，当年洛阳城内外，"死者相藉，血流成河"。与此同时，鲜卑、羯、氐、羌等少数民族也相继起兵，与匈奴人遥相呼应，在各自的居住地攻击汉人。一时间，千里中原，虎豹横行。死里逃生的晋室臣民蜂拥南下，再次避难于相对安稳、地理条件优越的江淮和鄱阳湖地区。这就是历史上著名的"永嘉之乱，衣冠南渡"。

晋朝的"八王之乱"和"五胡乱华"，迫使中原"司豫流人""秦晋流人"一批一批、年复一年往南迁移，形成了中国历史上第一次大规模的移民浪潮。这时，长江中下游的江淮和鄱阳湖区以它博大的胸怀吸纳了千千万万的中原汉人。

中原汉人在鄱阳湖地区休养生息了500多年，这是他们远离中原战乱、灾荒后新开发的家园。鄱阳湖地处江西北部，在古代又称为彭湖、宫亭湖，是我国最大的淡水湖泊。它位于长江中游和下游的交界处，在1600多年前就犹如一只巨大的宝葫芦系在万里长江的飘带上。这里南来北往，西去东进，均有舟楫之利，交通十分便利。特别是鄱阳湖地区土地肥沃，河湖密布，渔耕两便，可谓是中国的鱼米之乡。自魏晋以来，中国经济重心南移，首先得到开发的就是这一带，因而它成了中原汉人休养生息、新建家园的理想之地。自东汉末年起，中原地区战乱不断，灾难重重，而以鄱阳湖为中心的江南则相对安全，因而成为受侵犯的中原百姓远离苦难的近便之处。三国时期，主要战场也不在吴国，且孙氏家族推行屯田制，使鄱阳湖地区的农业得到进一步开发。西晋的短期统一，使这一地区更成了封建朝廷的经济支柱。于是，大批的中原冠带、黎民百姓纷纷来到鄱阳湖地区，开始了新的生活。从当地的方志和谱牒资料中可以看到，自南朝到隋唐，鄱阳湖以它博大的胸怀主要吸纳了迁自河南、河北的"司豫流人"，迁自山东、苏皖的"青徐流人"，来自今陕西、山西的"秦晋流人"以及部分原驻湘赣的"秦雍流人"。据考察，仅河南光山县就有300多个姓氏的祖先，大多数都是在唐末至北宋末年迁往鄱

● 鄱阳湖

阳湖一带，明代初年才陆续回迁的。在长达500多年的历史岁月中，中原汉人以勤劳的双手，聪明的智慧，开发鄱阳，建设鄱阳，在建设美好家园的同时把鄱阳湖建设成中国著名的鱼米之乡。鄱阳县有一个地方叫双筷桥筷子巷，时至今日，后人不忘鄱阳湖的恩光，江南、岭南大多姓氏的居民在逢年过节祭祖时，都要在供品上插上三双筷子，以示不忘祖先是从鄱阳的筷子巷来的。侨居海外的客家儿女也无时不牵挂这块热土，一批又一批地前来鄱阳湖寻根谒祖。

唐宋时期，唐末的黄巢农民起义和王审知的"厚礼延纳"，尤其是北宋末年的金人南侵，汴京失陷，使长江中下游逐渐成为主要战场，迫使北方及居住于鄱阳湖一带的移民继续南迁。其中，以筷子巷为中心的鄱阳湖区原"司豫流人"大批沿赣江而上，前往赣闽粤边地区，逐渐形成客家民系。而原主要居住于太湖区的"青徐流人"则辗转由皖浙入闽，定居于闽南和潮汕平原，孕育成福佬民系，留在原地的则融汇成吴越民系。

历史往往是这样，一次次的农民起义，一个个的朝代更迭，一场场血与火的洗礼，加速了民族的流动、迁徙和融合。

从唐代"安史之乱""黄巢起义"到北宋末年，战乱和灾荒频繁地笼罩在黄河中下游、江淮两岸和鄱阳湖区，生产力一次又一次遭到大破坏，大批中原汉人和鄱阳湖区的百姓又一次忍痛告别刚建立不久的家园，踏上南迁的旅途。他们来到赣南这块被武夷山、罗霄山山脉拥抱，战火较少，朝廷统治薄弱的丘陵地带。这里河流纵横，田地肥沃，气候宜人。在大批中原汉人进入赣南之前，这是原住民刀耕火种的蛮荒之地，是"山高皇帝远"的地方。中原汉人就在这块"世外桃源"开始了新的生活和斗争，而后一段时间再从赣南迁移闽西，有的则进入岭南。

沿着赣江，走进以赣州为中心的赣南土地。赣州地处江西南部，赣江上游。它"南控百越，北达三江"，据五岭之要会，扼闽粤之要冲，地理位置十分重要。发源于赣南境内的赣江，是连接内外、沟通南北的黄金水道，自古为中原南下闽粤的必经之路。赣南境内丘陵起伏，地广人稀，适宜大批移民休养生息。优越的地理位置、便利的水道、广阔的土地、宜人的气候让赣南成为中原和鄱阳湖区汉人南迁的首选"宝地"，这样，赣南有客家先民的历史就早于闽西和粤东。从晋代"五胡乱华"，就有一批中原汉人南迁驻足这里。唐末黄巢起义，那"流寇式"的流动使得大批大批移民一路一程，历尽艰辛来到赣南落脚安家。赣南宁都县在这一时期先后迁入的就有卢、廖、温、游、刘、黎、丁、朱、李、孙、古、陈、华、戴、龚、唐等十几个姓。一代伟人、伟大的资产阶级民主革命家孙中山的祖先孙俐就是率军追剿黄巢起义部队，来到宁都屯田拓荒的。据不完全统计，从两晋到唐宋，南迁赣南的中原汉人就达260多个姓氏。

中原汉人在赣南这块土地上和原住居民相互融合，成为客家先民。大批中原汉人的到来，使南来北往的人流、物流蜂拥而至，昔日的赣州、大余、宁都古城开始成为"商贾如云、货物如雨"的江南名州。

中原汉人自北向南迁移，直到赣闽粤，再到东南亚，但在明、清两代不少客家人回迁赣州。史料记载：赣南的客家人，30%是"老客"，70%是从闽粤回流的"新客"。赣南以母亲般的胸怀把自己的儿女重新拥入自己的怀抱。

然而，宋代是一个多事不安的朝代，金人入侵，社会动荡，人心浮动，战火波及赣南这块美丽富饶的土地，许多客家先民不得不离别赣南，在此踏上漫漫的迁徙之旅。在这迁徙的征途中,历史不会忘记赣南的两个县：一个是石城，一个是瑞金，它们是客家先民迁徙闽西、粤东的大后方与出发地。

石城，始建于南唐保大十二年（954年），历史上隶属于宁都府。石城有着独特、便利的地理位置，地处闽赣交界处武夷山脉中段西麓，与福建宁化、长汀毗邻，西连宁都，北接广昌，奔流不息的琴江贯穿全境，自北向南流入贡江，注入赣江，汇入长江，使石城与整个赣江流域、鄱阳湖区、江淮地区连为一体。陆路则与宁化交界的站岭这一千年古道相接，往南40千米又与长汀另一条千年驿道隘岭相连。

石城自古就有"闽粤通衢"之称，中原、江淮、鄱阳湖区、赣江流域南迁的客家先民大多数都经过石城这条"通衢大道"越过武夷山脉迁往汀江流域和粤东地区。在南迁的客家先民的血泪迁徙和客家民系形成的万里航程中，是石城这方水土以慈母般的爱，吸纳了无数客家先民，随后，又送别他们继续踏上迁徙之路。

西晋末年至五代南唐，历经600年风风雨雨。居住于鄱阳湖区的南迁中原汉人来到赣南这片世外桃源，他们的一部分在赣南暂住一段时间后越过赣粤交界的珠玑巷，进入岭南，在珠江三角洲安家落户，成为广府人。他们的另一部分来到石城这块"山高皇帝远"的地方，在客家民系形成后，成为客家人。

据族谱资料，唐至五代，先后迁入石城的有50多个姓，其中至今还留在石城的有12个姓，其余的都先后迁往闽西、粤东。由宋至元代，迁入石城居住的有70多个姓，其中多数也先后迁移到福建宁化、长汀和整个汀江流域，留下来的后裔只有30多个姓。据《石城县志》载，宋淳熙年间（1174～1189年），石城有14709户，29894丁，至宋宝庆年间（1225～1227年）增至16214户，36746丁，经历160多年后，至明初洪武二十四年（1391年）人口反而减少，仅2807户，16754丁。这种大起大落的人口变化，正好与石城作为"闽粤通衢"的历史地位相吻合。

● 闽粤通衢

石城终归是一个山区小县，人多地少，能承受的人口有限。因而许多南迁的客家先民都在这块土地上生活过，但难于久留，他们只得再次打点行装，以此作为新的出发地，一批又一批翻越武夷山脉，迁徙到以汀州为中心的汀江流域。

石壁，为汀州八属之一——宁化的"西乡"，方圆可达200多平方千米。这个古老而平凡的村庄，为天下客家人所称道和记忆。之所以被铭记，是因为作为客家先民南迁的中转站，它承载了客家先民翻越武夷山脉，歇脚石壁，走向汀江流域和粤东大地，建设新家园的使命。

石壁，四周高山环耸，森林茂密，宛若一道绿色屏障，故在唐中叶以前美称其为"玉屏"。屏障内，土地肥沃，碧水悠悠，颇似"世外桃源"。唐中叶后，因屡遭外犯，村人将"玉屏"改名为"石壁"，后来又谐音改称石碧。

石壁这块平坦开阔的盆地，不仅是块富庶之地，还是古代由赣南入

● 宁化石壁村全景

● 宁化石壁站岭隘

闽的重要隘口，它与江西石城这块客家先民的集散地毗邻，境内有闽江的源头；在其南面有汀江支流的源头，通过汀江可达广东韩江；其西南的不远处，有江西贡水的上游琴江和绵江，它们通过贡水注入赣江，便可直达九江、长江。石壁之西 10 千米处有一隘口，叫站岭，系闽赣两省的主要通道，在没有公路的时代，宁化附近几个县去江西、长江中下游地区或上京城，基本上从这里出省。正是这一得天独厚的地理位置和自然环境，使得石壁在中原动乱中成为一块相对安宁的净土，对形成客家民系起到了积极作用。自西晋永嘉开始，就有不少汉人为避战火饥荒，翻越武夷山脉，来到石壁驻足垦荒，繁衍生息。唐末黄巢农民大起义的战火燃烧赣南，使得赣南不再是"世外桃源"，而石壁尚未被战火殃及，人口又少，实为避乱乐土。于是在赣南这块土地上的客家先民纷纷含泪离开建立不久的家园，从石城沿着站岭隘口穿越武夷山脉来到石壁聚首。他们辟地开基，薪火相传。据考察，至北宋末年曾中转或定居石壁的中原汉人达 130 个姓氏之多。

几十年乃至几百年后,后裔们以石壁为轴心辗转拓展,达四海,衍五洲。据考察,当今遍及世界五大洲 70 多个国家和地区的近亿客家人,其始祖或祖先不少迁徙自石壁村。

第三节
汀江哺育

　　汀江，福建省唯一流经福建、广东两省的省际河流。福建境内流经长汀、武平、上杭、永定四县，在永定峰市镇出境流入广东省，至大埔县三河坝与梅江汇合后称韩江，全长 328 千米，流域面积 11802 平方千米。汀江支流众多，主要汇纳有濯田河、桃澜溪（又名小澜溪）、旧县河、

● 汀江

黄潭河、永定河、金丰溪等大小河流 55 条，总长度 1137 千米。福建河流多由西向东入海，唯汀江向南流，在八卦图示中南方属于丁位，因此，汀江最早叫丁水，宋、明、清时都称鄞江，后来改称汀江。

汀江，自古以来就是贯通闽粤的主要航道。唐开元二十四年（736 年），因"检责得避役百姓三千户"，"开福抚二州山峒置汀州"。这 3000 余户避役客居的百姓超过了原住居民，汀江两岸外来人口客居的村落不断出现，于是作为以南迁客家先民为主设置的汀州，像母腹中成熟的婴儿降生了。汀州的设置是客家文化史上的一座里程碑，没有客家先民，就没有汀州，或者说不可能那么早有汀州。而客家先民栖身汀州，新建家园，只因奔流不息的汀江的哺育。

唐末五代，源于"黄巢之乱"和王审知的"厚礼延纳"，这时期的江淮、

鄱阳湖区的客家先民大规模南迁,进入汀江流域。909年,王审知被封闽王,一批又一批汉人携带家室,不畏艰辛,分几路入闽为王审知效力。当时中原士族入汀者数以十万计,是汀江流域人口猛增时期。如大将钟全慕率兵渡长江南下入闽,深得闽王重用,官至节度使,复任汀州刺史。钟全慕之孙钟翱能经济,又善骑射,以功继祖父为汀州刺史。钟姓家族繁衍汀江两岸,为建设汀江新家园做出了积极贡献。又如从唐末宋初以来迁到汀江流域的姓氏有廖、郑、温、陈、王、蔡、杨、古、吴、沈、薛、钟、周、刘、卢、苏、张、阑、曹、罗、李、邓、伍、江、梁、谢等26姓。众多的姓氏进入汀江流域,人口的大量增加,为客家民系在这片土地上形成打下了基础。

宋元之间,居住在江淮、鄱阳湖区的客家先民又一次向南大迁移。客家先民大规模进入汀江流域,汀江两岸人口大增。如史料记载:"宋代入汀之中原南迁客家先民,达100余姓,为历代最多者。"史料还记载陈皇室陈之光裔孙陈叔明族3000余人,成为巨族,奉旨巨族分居,于是九个儿子散居九州,故汀州至今仍有"九子分九州,满子封汀州"之说。由于大批客家先民迁入汀江流域,汀州的人口规模急剧扩大。《太平寰宇记》记载,宋元丰年间,汀州"主客户八万一千四百五十六"。庆元间"主客户二十一万八千五百七十"。宝祐年间"主客户二十二万三千四百三十二,主客丁五十三万四千八百九十"。这里的丁是指16岁以上的男子。因此,我们可以推算宋代汀州的人口至少在100万。宋代汀州郡守陈轩的"十万人家溪两岸,绿杨烟锁济川桥"的千古佳句,就是描写以汀州城为中心的汀江两岸人口繁荣,百姓安居乐业的情景。至此,宋代汀江流域来自中原的客家先民大量聚集,人口大量增加,他们在共同的地域、共同的文化、共同的生产状况下,与原住居民大融合,于是一支汉民族的优秀民系——客家在汀江流域完全形成了。

汀江流域具有形成汉族客家民系的四大鲜明特征:有脉络清楚的客

家先民；有特定的闽粤赣边地域条件；经历了唐末宋末元初的特殊历史年代；有丰富的独具特色的客家文化。因此我们说汀江流域是中原汉人南迁的聚集地，也是客家民系形成的核心区域。

汀江流经的汀州对客家民系的形成与发展所产生的影响是深远的。汀州地处福建西部，距离封建统治中心较远，前有东南沿海，后有武夷山脉阻隔，内有汀江便利，是山高皇帝远的"世外桃源"。这里土地肥沃，气候温和，人口比较稀少，局势比较稳定，较容易谋取生活出路。从中原南迁的汉人，他们不堪忍受封建统治者的剥削和压迫，不堪战乱和丢失土地而流离失所，来到汀州这个地方，目的只有一个，就是生存。他们迁来也好，从这里外迁也罢，没有朝廷的引导，也不要需地方政府的组织，说来就来，说走就走。

来到汀州的客家先民，为了生存，也为了能在客居地抢占土地，他们以"族居"方式同姓或者同宗聚集在一起，快速聚集人口，建立宗亲社会，相互依存，相互照应，形成人多势众的局面和对外抗争的力量。这种"族居"方式从今天很多地方的村名也可以看出来。以在那个地方最早定居的姓氏来作为村庄名称的长汀县共有 198 个村 59 个姓，比如南山的黄家庄，策武的马屋，濯田的刘坊，河田的刘源，馆前的严坊，三洲的戴坊，新桥的李家、罗坊等。他们的信仰、语言、文化、习俗，在与当地居民的融合乃至争斗中相互影响，一些先进的生产生活方式被保留下来，成为推动当地社会经济发展的主要因素；当地一些优秀的习俗文化也被吸纳和改造。在这股强大的社会潮流面前，整个汀江流域的生产生活方式、语言、文化、习俗都得到了翻天覆地的改变。

像尼罗河孕育了古埃及文明，像黄河、长江孕育了中华民族一样，汀江不仅孕育了早期的土著居民，更孕育了后来勤劳、勇敢的客家人。这归根结底在于：宋代经济南移，政治动荡，而闽粤两省相连，汀江流域较为偏僻，交通不便，相对战乱较少，客家先民饱尝战乱之苦，最渴望有个稳定的社会生活环境，而汀江流域正好满足了这一心理需求；汀江流域开发不久，地广人稀，资源丰富，气候宜人，特别是汀江水力资源丰富，便于开展生产，重建家园，繁衍生息。汀江就像一位慈祥宽厚的母亲，以其博大的胸怀，把中原南迁、辗转千里、疲惫不堪的客家先民拥入自己的怀抱，汀江两岸，从闽西的宁化、清流、长汀、武平、连城、上杭、永定，再到广东大埔，栖息在这里的几百万客家人在这块土地上拓荒、生息、繁衍，再从这里起航，走向粤东，漂洋过海，走向世界。

千百年来，汀江曾是客家人赖以生存、发展的命脉。它是闽粤赣边的主要航道，沟通了三省边界的物资贸易往来。

有人说，没有"世界法医鼻祖"宋慈，便没有汀江航道的开通，也便没有汀州的繁华，此话一点不夸张。宋慈于南宋绍定年间任汀郡长汀知县，上任伊始，即关心民间疾苦。长汀因交通闭塞，海盐要从福州起运，往往"逾年始至"，价格昂贵，穷苦百姓买不起食盐。宋慈整饬官办盐政，发动汀江两岸百姓辟出从汀州至潮州的航道，海盐改由潮州起运，经韩江、汀江直抵汀州。缩短了运输线，节约了运费，并严厉打击了不法商人囤积居奇，哄抬盐价，从根本上降低了食盐价格，解决了长期困扰汀江两岸百姓的基本问题。随着盐道的开通，汀江航运日益繁荣，呈现"上三千，下八百"的景象。

汀江航道的开通和利用，不仅互通了汀潮两地物资的有无，它还将外面世界的文化传递回客家腹地，使处于内地的汀江流域也不再是封闭的天地。可以说，汀江航道是沟通汀州客家文化与潮汕福佬文化的重要通道。

尽管今日的汀江，因人为和自然的因素，失却了往昔的浩荡，不再有帆影穿梭了。然而，谁也不会忘记，是汀江养育了一代代的客家人，又送走了一批批南迁的客家儿女。谁也不会忘记，汀江就是客家人的母亲河。

● 汀江航运

第二章
首府汀州
| 大美汀州 | 客家首府 |

从唐开元二十四年（736年）置汀州起，闽西这片辽阔的荒野丛林就纳入朝廷管理，开启了汀州发展的新篇章。随着增州扩县的历史进程，汀州成为福建著名千年古城、八闽客家首府。宋代，汀江航运开通，为汀州插上了腾飞的翅膀。客家首府汀州万商云集、市场繁荣，"阛阓繁埠，不减江浙中州"，成为闽粤赣边物资集散重镇。

第一节
政治中心

　　"群雄争中土，黎庶走南疆。"自西晋的"五胡乱华，永嘉之乱，衣冠南渡"开始，中原多故，江淮罹难，生灵涂炭。许多世代居住在那里的衣冠望族、书香门第和布衣庶民，为避兵燹与灾荒而纷纷举族南迁。至清末的1000多个春秋里，几乎每当改朝换代时，特别是唐末黄巢起义，一批又一批中原汉人含泪告别故土，带着中原传统的文化和先进的技术，踏上了筚路蓝缕的悲壮之旅。他们从黄河到汀江，从中原到汀州，一路跨江越岭，走州过府，一程程风雨，一程程血泪，历时千载，辗转几度，经一次次苦海磨难，一次次浴火重生，终于走出刀光剑影，走出天灾人祸，走进闽粤赣交界的万山之中，结穴于武夷山南麓的古越之地，他们和原住居民相互融合，拓垦蛮荒，繁衍生息，薪火相传，创造了博大精深的客家文化，形成了伟大奇特的客家民系。

　　在这客家民系演绎历史的舞台上，客家人上演了一幕幕动人的话剧，造就了客家大本营"不减中州"的辉煌，使历代州郡路府治所——汀州都市成为气魄雍容的"政治中心"。

　　史载，唐开元二十一年（733年），福州长史唐循忠在潮州北面、虔州（即今赣州）东面、福州西面、抚州南面的光龙洞一带（即今闽西地），"检责避役百姓三千多户"。此3000余户"避役百姓"乃早期中原"流民"。

● 汀州城池图

为"招集流亡，辟土植谷，而纳贡赋"，唐循忠即上奏朝廷，建议"辟福抚二州山峒置汀州"（"福抚二州山峒"即福州西与抚州南之间的山地）。唐开元二十四年（736年）获准，正式置州。因境内长汀溪，故称汀州。同时，置长汀县附郭汀州。汀州领长汀、黄连（今宁化）、杂罗（今新罗）三县，其州治所设在汀江中上游的一块方寸之地——长汀村，历时八年。此时的汀州，与福州、建州、泉州、漳州并列为福建五大州。

从某种意义上说，没有客家先民来到这块土地，就没有汀州。

有资料表明，汀州置州后，行政建制步入系统化，并日臻完善，生产力也不断发展，中原文化与古越文化开始逐渐融合。随着政通人和，人口也急剧增长，至唐开元二十七年（739年），总人口由置州时的1.6万人猛增到2.1万人。

天宝年间，福建节度使认为汀州弹丸之城，难成州府气候，且常年受到水患的困扰，他奏朝廷后即命汀州刺史携官民溯江而上，将州城徙往百里之外的东坊口（今长汀县城北东街一带）。长汀县治随迁距州治两里左右的县基岭，仍为附郭。

汀州，从此走出了狭小的天地，而且，正一步步地迈向辉煌：汀州改称临汀郡，黄连县改称宁化县，新罗县改称龙岩县，原属于建州的沙县划入了临汀郡的版图；自此以后汀州经济复苏，文化昌盛，百姓和乐。

唐乾元元年（758年），临汀郡复为汀州，仍领长汀、龙岩、宁化、沙县四县。

唐大历四年（769年）春，陈剑接任汀州刺史，为汀州写下了彪炳史册的一笔——"陈剑迁州"。

陈剑上任时，东坊口烟瘴弥漫，瘟疫流行，官民死者数以千计。官民联袂进状，请求陈剑移城。陈剑听取民众呼声，于同年冬将州城迁往位于卧龙山南麓、汀江之滨的白石村（今长汀县城）。史称，白石村"一川远汇三溪水，千嶂深围四面城"，州城建于斯，"地占高明，山水拱抱，枕山临江，钟灵毓秀"。与此同时，长汀县治亦随州移至白石村，仍附州郭。

从此至清末，历代因袭，白石村均是州郡路府的治所，为闽西和闽西北政治、经济、文化的中心。

陈剑花了三年工夫，沿江修筑土石城墙，并建州署，置民宅，造寺塔，全城上下，好不忙碌。一时间，衙门林立，屋宇参差，商肆毗连，其规模档次大有力挫他城的气派。

唐大历十二年（777年），龙岩县改隶漳州，汀州领县由四减为三：长汀、宁化、沙县。

历史走到875年，黄巢起义，不久，唐王朝解体，形成了五代十国的割据政局。福建为闽国，汀州仍领长汀、宁化、沙县。南唐宝大三年（945年），闽国为南唐所灭。翌年，沙县置建州，汀州属县由三减为二。

唐末五代，中原江淮烽火连绵，中原和江淮汉人如潮水般涌入汀州，有仓皇逃命的，有追随军队的，也有被地方官"厚礼延纳"的。

汀州刺史许文镇保境息民，轻徭薄赋，发展农业，并"厚礼延纳"中原名士以振兴文教。于是，中原士大夫纷纷携带家眷，不避艰辛，入汀为许文镇效力。

经过黄巢起义、五代十国的更迭，汀州两县总人口已逾15万人，其中多数为中原汉人。

赵氏建立宋廷后，汀州改为临汀郡，初辖长汀、宁化二县，后置添上杭、武平、清流、连城四县。全郡户口，至南宋开庆元年（1259年）已达223433户534890人。总户口中，中原汉人占80%之多。与唐汀州初置时相比，中原汉人增加20多万户50多万人。

临汀郡地处闽粤赣边陲，比较偏僻，战乱较少，加之地广人稀，气候宜人，且又有自北而南汇入大海的汀江资源可用，因此，这方水土成了流民们便于生产劳动和生息繁衍的天然栖身之所。在宋室三百多年间，临汀郡社会经济和文化不断发展，特别是南宋以来，大量中原汉人南移入汀，为临汀郡的进一步开发，做出了卓越的贡献：开辟汀江航道，扩建郡城街市，发展工农商业……临汀郡生机焕发，人烟万盛的郡城呈现一派"不减中州"的繁荣景象——"十万人家溪两岸，绿杨烟锁济川桥"。繁荣的背后，可以也应该这么说，挺直的是中原汉人不屈的脊梁！

客家人在创造物质文明的同时，也创造了精神文明。兴建郡学孔庙，龙山造寺，朝斗结庵，儒、理、佛、道学日渐繁盛。

李唐赵宋，六百年风雨，客家人在汀州属地这块充满生机的大本营里，经千般苦，历万般难，挥血洒汗，开基创业，并与土著进行了长期的融合。他们在继承中原汉族固有文化的基础上，博采和涵化了土著文化的多种养分，到宋末已逐渐形成了自己新的文化特色：共同的语言，共同的地域，共同的经济生活，共同文化背景下的共同社会心理素质。新文化的形成，便是客家文化的诞生，而客家文化的诞生，又标志着客家民系的形成。临汀郡城作为福建客家聚居地中最大的中心都市，它在客家民系形成过程中的终极意义是不容低估的：磁铁般的核心凝聚效应。

客家民系形成之时，元兵破临汀。为保家卫国，抗击异族入侵者，几十万临汀客家人举族追随文天祥勤王抗元，战死者"如恒河沙数"。战乱中，几万平民百姓惨遭元兵杀戮。

幸存者或遁入深山，或流亡粤地。客家大本营一片凄凉萧索，"毗连千数百里之地，常有数十里无人烟者"。

尽管临汀郡被征服后上升为汀州路，仍领长汀、宁化、上杭、武平、清流、连城六县，并为元世祖忽必烈的女儿囊加真公主的封地，可是，经过宋元之际的这一场大浩劫，汀州路这块"皇土"的子民速减。据《元史·地理志》载，至顺元年（1330年）时，全路仅剩41423户238127人。

明洪武元年（1368年），朱元璋灭元称帝，同年，明兵克福建，汀州的称谓由"路"变"府"，初领长汀、宁化、上杭、武平、清流、连城六县，后置添归化（今明溪）、永定二县。自此，至清末的500余年间，汀州府构筑了汀属八县的辉煌。

从异族铁蹄下挣脱出来的客家人，医治异族蹂躏的创伤，逐步复苏遭破坏的生产力，全面发展农业和手工业，商品经济日趋繁荣，府城成了闽粤赣边的商品贸易中心和商品集散地。同时，文教事业也日渐复苏，兴旺发达，书院学社如雨后春笋遍及汀属八邑（如汀州府治所的"汀州府试院""龙山书院"）；四堡书籍，"独占江南"，以至汀州府人文蔚起，成为文物第一流之邦。

15世纪中叶，走出白山黑水的满族入关灭明，汀州府纳土于清，仍袭明制，仍领八县。不堪忍受压迫的汀州客家儿女四处流亡，有的北上赣湘，有的西去川桂，有的南下粤琼，有的漂洋过海，赴台湾，奔南洋，走欧美。

在动荡的岁月中，汀州府八邑的经济和文化呈现间歇性的繁荣。

汀州，自置州始，历经了唐、闽国、南唐、宋、元、明、清的七朝更代。1000多年来，州郡路府，潮起潮落，汀州客家儿女在客家人演绎历史的舞台上，曾扬起了几度辉煌的首府雄风，经济文化占尽风流，名人贤达代不衰竭。

1911年，辛亥革命的枪声，宣告了清王朝的覆灭，也宣告了中国几千年封建制度的覆灭，给汀州"州郡路府"的兴衰史画上了一个句号。

第二节
经贸重镇

汀江船运的蓬勃发展，使汀州古城发生根本性的变革，即从传统消费型城市转变为依托汀江航运的转口贸易型城市。万山之中的客家古都，迸发出前所未有的商业集散功能：一方面吸纳从广东运来的大量货物，通过汀州市场转运到汀州和赣南各县；另一方面将赣南及汀州各县土特产，船运至广东潮汕、佛广，再转口港、台以及东南亚各国和欧美华人社区。悠悠岁月八百载，汀州作为闽粤赣边物质集散重镇和福建古代六大转口贸易中心之一，而永远载入史册。

在丰富的物产和便利的交通支持下，长汀的商业十分繁荣。优越的地理环境，便利的水陆交通，州郡路府治所所在地的政治、经济、文化条件，使长汀成为客家政治、经济、文化发展的中心。汀江河在长汀境内 121.5 千米，接纳濯田河和南山河两大支流，流经庵杰乡、新桥镇、大同镇、汀州镇、策武镇、河田镇、三洲镇、濯田镇、羊牯乡，穿越新桥盆地、城关盆地、和田盆地、三洲盆地、濯田盆地，有城关四个码头（朝天门码头、水东码头、五通码头、车子关码头），以及策田码头、河田赤岭码头、三洲码头、水口码头、羊牯码头，沿途聚集了新桥圩、策田圩、河田圩、三洲圩、水口圩、羊牯圩、南山圩、南安圩、濯田圩、升平圩，构成长汀主要的经济贸易带，形成了大型的集市贸易市场——水

东市，汀属八县的商人云集长汀，赣州的瑞金、石城、宁都、会昌等地商人到长汀开店经商，潮州府、吉安府等地在长汀设立商号，长汀城内建有广东会馆、湖南会馆、杭永会馆、江西会馆、龙岩会馆等，使长汀呈现商贾工匠云集的兴旺景象。宋朝汀州郡守陈轩曾写下"十万人家溪两岸，绿杨烟锁济川桥"的千古佳句。

汀江以其水路的优势构造了闽粤赣三省边区的贸易网，潮盐运往闽赣，而赣米则运往闽粤，闽西的木材纸也通过汀江和韩江运往东南亚各地。林业和烟草，是汀州的两大出口产品，林木集中在长汀、上杭两县，"长汀，向称林木为出产大宗，杉木一项，昔日运售潮汕佛广者数以十万计"，"二曰林业，旧时杉木运售潮汕佛山数十万"，"汀郡千章之材，杉竹是也"。长汀的杉木多为潮州商人来采办，论值运到汀江河边，做成木筏顺流而下。所谓"粤人货汀州杉木之透油者为棺椁"，或将杉木施以工作尺寸合度运往漳厦潮汕发售佛山等处，岁贩卖甚多。明清时，汀江流域的林业已由砍伐自然林转为栽种山竹等民用木材，也带动了木材和造纸这些简单手工业的发展。

福建的造纸业向为全国之冠，而延、汀、建、邵四府中产量最大的是汀州。长汀的土纸是传统的大宗出口商品，产量居福建 43 个产纸县之首，出产的各色名纸达 28 种之多。毛边纸、玉扣纸全国有名，这也成就了清朝时期江南四大雕版印刷基地长汀四堡（今连城县四堡乡）的出现；还有包纸，是潮州、汕头、广州等地包装货物的极好材料；在长汀水东桥、河田、三洲等圩市、渡口不难看到大宗的纸品，清末民初长汀县城还有纸行几十家。民国《长汀县志》记载：纸业亦仅就地设行坐办，发运于潮汕、广州、香港、长沙、江西等处。

江西省是传统生产棉花、苎棉的地区，他们把大量的苎棉等物资运到长汀换取他们需要的食盐。明代虔州知府王阳明在长汀古城驿设立盐关，江西人只要将米、豆、苎棉、油料等物资挑到古城驿就可交易换回食盐。

所有这些物资，大量经过长汀县城的米行、豆行、棉行等转运广东。沿汀江外运的还有陶瓷。美中学者李汝宽曾这样鉴定一个青花大果盘："1127年，广东汕头出口，产地是福建汀州，直径 39cm，圈足径 16.5cm，高7cm。"马可·波罗的《东方见闻录》里面也提到汀州产的蓝色瓷器物美价廉，"而汀州瓷器向海外输出，是从汀州经过韩江运到汕头，现在普通叫作'汕头器'"。

长汀这些丰富的物产，重要的交通中心，带动了商业的繁荣，也促成了人员的迁移往来。到明清时食盐由官办转为民商办，私盐贸易蓬勃发展，嘉定年间知州赵崇模议每年于长汀龙潭口场买三纲，纲计 1700 秤，个人贸易相当于明以前的整个州盐业贸易的数量。淳熙十三年（1186 年），汀州盐价岁万缗，在长汀还出现了盐业专营商杨九如。明永乐年间，长汀马屋桥的谢文彬长期从事盐业贩运，往返于汀潮之间。明清时代的汀江流域食盐贸易，已不仅局限于汀江本身，有的还远走江西，盐业成了长汀出口江西的又一大宗贸易。清朝时期，长汀胡氏家族经商到汕头，出现了汕头一条长汀街。明嘉靖年间，饶表、饶松庵先后经商于梅州、兴宁，后裔分迁于松口、平远、五华、惠州。商业的往来成为迁移定居的又一个重要原因。

长汀城商业贸易的繁荣发展，在县城形成了多个贸易中心，即汀城内传统的"市"。这些"市"随着经济发展、物资交易兴旺应运而生。在清代时期长汀城内形成了五个"市"，而且由于物资交易的需要，每一个市都侧重于某些商品的交易，各个市既是汀城商业的综合体现，又有功能的分工。这些传统的市使汀城呈现异常繁荣的景象。乾隆版《汀州府志·城池》（卷五）和光绪版《长汀县志·城池》（卷六）都记载了汀城的市。其中乾隆版《汀州府志》载：

　　　　店头市：在旧镇南门外。

　　　　五通庙前市：在丽春门外。

河边市：在五通庙前。

水东街市：在济川桥左。

河田市：在青泰里。

杉岭市：在县西，今废。

光绪版《长汀县志》载：

店头市：在镇南门外。

杉岭市：在县西，今废。

河边市：在五通门外。

五通门市：在挹清门内。

水东街市：在水东街。

河田市：在青泰里。

以上所记的长汀 6 个市，除河田市（今河田）在青泰里，其余 5 个市都是汀城清代最主要的集市。其中杉岭市，府志和县志都记载"今废"，说明杉岭市在乾隆十七年（1752 年）以前就已经废弃了。杉岭市位于汀城西门郊，是汀城到古城乡及江西瑞金的必经之地。集市有 30 余家店面，街道 100 余米长。20 世纪 50 年代，还可看到一些东倒西歪木构的朽屋及断垣残墙，由于废弃的时间较长，残墙内早已是杂草丛生，荆棘成林了。20 世纪 70 年代，扩建长汀至江西的公路，杉岭市两边的残屋全部推平成了宽阔的汀瑞公路。

现将汀城传统的市介绍如下。

店头市

店头市即店头街，现在称为建设街，它北起古镇南门与十字街的交

● 店头街

叉路口，南至古城门惠吉门，与惠吉门码头相接，全长约 1 华里。这条街是汀州古城最古老的商业街之一，形成于宋代，在宋治平三年（1066 年）汀州城池扩大后，商业中心转移到这一带，宋以前唐代的街区仅限于子城之内即现在长汀一中校园及三元阁一带。

店头市街有近百家商店，街道狭窄，基本是前店后宅的两层建筑，完全保留了明、清时期的建筑风格。长汀地处山区，木头多，所以店头街的商店、民宅多为木构。楼下前间是商店，后间多为厨房和货仓，楼上为住宅。楼上住宅靠街处都开有格式木窗，由于街道仅三米来宽，所以街道两边的住户，若打开窗户说话聊天，就好像面对面似的。许多老街坊、邻居就是靠在各自的窗台上东家长西家短可以说上大半天。

店头街上经商的大多是裁缝、小五金、箍桶、雕刻、饮食、油盐酱醋、豆腐、香烛、理发、酿酒等。在靠近五通门码头处有一溜的仓库，那是商船靠码头卸货后，货物的暂存处。

水东市

水东市即水东街（1951年称秋白路，现仍称水东街），是长汀县城最繁华的商业街。宋时就称水东市（南宋《临汀志》载），因为坐落于汀江东岸，历史上称为水东。宋代汀江船运开通以后，整个水东沿岸陆地成为庞大的交易市场。后来随着水东市两边房屋的增多，整个集市发展为一条繁华的大街，从水东桥沿汀江一直到太平桥，东西走向，全长近千米。

水东街不但是全城最长的一条商业街，也是商店、货栈、商行最多的街道。汀城的布行、纸行基本集中在这里，街上布店、百货、京果、油盐、饮食、裁缝、国药、皮革、纺织、文具、纸张、诊所等样样齐全。汀城著名的大纸商、布商、米商以及他们的商行、货栈大多分布在这条街上。

水东街全部为骑楼式建筑，行人从街道两边的骑楼下行走，雨天可免除雨淋之苦，夏天可免烈日曝晒。据说骑楼的建筑式样之所以成为南

● 老水东街

方商业街道较普遍的形式，就是因为南方雨多且夏季炎热。水东街原先较为狭小，街面宽约 4 米。1943 年日寇飞机轰炸汀州古城，水东街成为一片火海，1944 年重建时予以拓宽，并保留了原来的骑楼样式。

五通庙前市

　　五通庙前市即现在的五通街，位于汀城水东桥至五通桥之间的城墙内侧，因街道内有一座著名的五通庙而得名。五通庙前市紧邻水东桥及司前

● 五通街

街、水东街，同时又连接五通门，城门外是五通门汀江码头，昔日在五通门内有石灰批发市场，石灰的销量极大，因而五通门码头通常十分繁忙。加之街道上的五通庙香火旺盛，香客极多，使五通街也成为汀州城内较著名的古街。街上有商店 50 余家，主要经营米、豆、五金、豆腐等商品。

河边市

府志和县志记载河边市在五通门外。五通门内有一条约 50 米长的街道与五通街呈"丁"字形，五通门外是汀城的五通码头。昔日在五通门内有多家石灰批发商店，长汀农村石灰窑烧制的石灰主要是新桥、庵杰一带的，用船运到五通门码头卸货。过去汀城对石灰的需求量极大，一是建筑上如石灰粉墙、三合土地板、砌石基砌墙等都少不了石灰；二是用于造纸业，浸泡苎麻需用大量的石灰，许多纸槽如古城乡的部分纸槽、大同乡的部分纸槽所需的石灰都从汀城周转。由于五通门外有狭长的墙

● 五通门码头

根路，紧邻汀江，大批的石灰经常在河边的墙根交易，因而被称为河边市。从码头通过城门，两边各有十来家民宅，全部为"上门板"的传统式样，这些民宅都被石灰老板租用，作为存放石灰的场地。过去石灰全部用竹篓打包，竹篓约一个大冬瓜大小，篓内垫有白叶（长约 1.5 尺，巴掌大的竹叶），称为石灰篓，每篓装石灰 35 斤，每担两篓 70 斤。石灰市场的石灰从庵杰、新桥等乡村运来，每一船可运 5000 斤左右（70 ~ 80 担）。每天都有两三只船在五通门码头卸石灰。除了石灰之外，也有一些其他的货物如米、盐等（少量）也在五通门码头卸货。交易市场的出现也促进了饮食业的发展，五通门内的直街还开了好几家饮食店，也有一两家客栈，方便来往的货商。

河边市一直到 20 世纪 50 年代还存在（但不叫河边市，而称为五通门石灰市场），随着汀江船运的萎缩，河边市也逐渐冷落，现在已成为纯粹的居民区了，但商店面门还保留着好几家，可以依稀辨认出昔日的光景。

汀城商业街介绍

汀城传统商业街道纵横交错，店铺相当密集，真实地反映了汀州历史上的辉煌，而且绝大多数的传统商业街都延续到现在，为我们提供了寻访旧时印迹的场所。

十字街

十字街（现称兆征路），东西走向，东起水东桥，西至三元阁的西市场，全长约 300 米。十字街因过去在文庙前方形成十字交叉形状而得名。中华人民共和国成立后，街道拓宽、截弯取直后，十字街交叉形状已不复存在。十字街和店头街正好组成丁字形，也是汀城的传统古街，形成时间和店头街差不多。但由于它是古汀州城的主街道，在这条街上有府衙、孔庙、试院、府学、城隍庙等，是达官贵人的出行街道，比起店头街这

● 十字街

一纯商业街而言，十字街多了一些官府的气息。因而这条街上的商店有许多是为官府、衙门、学堂服务的，主要经营文具、纸张、刻字、印刷、皮革、百货、国药、烟丝、京果、裁缝、饮食、照相、油盐、五金、香烛、米豆、豆腐等等。

西门街

西门街是十字街的延伸部分，从三元阁开始到西城门之内。西门街由于地处城市的边缘，所以经商较少，主要有多家客店，客店住宿的多是瑞金、古城方向来汀办事、经商的人员。

　● 西门街

司前街及司背街

　　司前街和司背街，一头连接水东桥，另一头连着营背街，紧靠长汀城最大的船运码头——水东桥码头。旧时每天都有上百只货船停靠在水东桥码头，货物上岸和外运十分繁忙。所以古代就在水东桥码头的边上设立了一个专门为往来货物课税的"税课司"。许多商人在纳完税以后就在附近进行交易，久而久之，在"税课司"的前后形成了货物交易市场，人们为了方便，逐渐在这一带盖起了商店，形成街市。前面的一条街称为"税课司前"，后面的一条街称为"税课司背"，为了文书的方便将这两条街定名为"司前街"和"司背街"，但是至今长汀人仍然将这前后两条街称为"税课司前"和"税课司背"。

　　这两条街上最多的是米豆店、油盐店、饮食店等。米豆和油盐是船运往来最多的货物，有许多货物运来后直接在此交易。饮食店多的原因是船运到岸后，艄公以及商人们在这里就近用餐。

● 司前街

● 司背街

半片街

　　半片街（1951年称大同路，现仍称为半片街）紧靠汀江，沿汀江从水东桥至五通桥全长约300米。由于昔日街道北边为汀江的江岸，南边是一长排二层木构楼房，底层为商店，故称为半片街。北边靠汀江一侧建起了吊脚楼，即楼房的一边伸入汀江，一边靠在岸上，用整根的圆杉木打桩入江底，根根木桩撑起悬空的楼房，使整排的店房都悬在江上。住在半片街沿江的吊脚楼居民住户，将楼板挖出一个圆孔，直接在家中就可以通过圆孔从江中吊水使用，平时将圆孔盖住，以防小孩摔跤。夜晚他们打开窗户，江风吹拂，江上是货船上盏盏明亮的马灯，耳边传来阵阵江水的哗哗声，颇似打渔人家，因而半片街成为汀州古城别具一格的商业街。半片街的形成主要也是因为紧靠水东桥汀江大码头，大量货物的往来，这里的商店大多为米、豆、烟丝、香烛、饮食等。20世纪90年代中期，半片街建起长汀最大的贸易市场，称为江边市场，昔日半片街的景象已不复存在。

● 半片街

营背街

营背街（1951年时改称解放路，现仍称营背街）是从长汀的东南方向进入长汀县城的第一条街。据传唐宋时期曾在金沙河东岸设立军营，日久之后在军营的后面有了街市，故有此名。营背街从汀城东南入口处（即现在的长汀汽车站）起至旱桥头与桥下坝街的接口处，全长约400米。虽然不长，但是长汀县城十分重要的商业街，这主要是由该街所处的位置决定的。长汀县东面的馆前、新桥、童坊、庵杰四个乡镇进城首先到达营背街，汀城南面的河田、南山、涂坊、宣成、三洲、濯田、四都、红山、策武等九个乡镇的人进城办事，也是首先要从营背街进入，因而精明的商人就在营背街做起了生意。久而久之就盖起房屋，开起了批发

● 营背街

商店，凡是从东、南两个方向进城购办货物的小商人往往在营背街批购
货物，不必再到城内。

　　另外，从宁化、清流、归化、连城、上杭、武平等县来到汀城的人，
也都是首先进入这条街。因而营背街成为长汀县城最重要的门户，历来
均属商业黄金地段。鉴于以上原因，营背街最突出的特点是批发商店多、
日用杂货多、饭店多、客栈多，入宿的客人也多。据 1951 年统计，在营
背街挂牌开店的客栈就有 16 家，还有许多未挂牌的家庭旅店未统计在内。
饮食店及各种商店、批发店（当年的批发店都属零批兼营，没有专门挂
牌的批发店），生意红火。

新丰街

新丰街位于县城水东街南侧，与水东街平行走向，实际上类似于水东街的后街，也有近千米长。这条街巷东起汀城东郊的桷子树坝，西至旱桥。由于新丰街处于密集的居民区，虽说这是条只有2米多宽的小街巷，但人们也纷纷在这里开店经商。在新丰街经商的大多是当地住户，所经营的品种大多为方便居民日常生活的豆腐、米、饮食、烟丝、油盐、文具、香烛等。

这条小巷还因为染织行和纸行众多而成为特色。这条街上有六七家长汀有名的染布作坊，以布色新、颜色真、不掉色闻名，所以汀城百姓都到这里染衣物和布料。这条街靠近汀城金沙河，所以河滩上晾满了各种颜色的布料和刚染过的衣物。街上的纸行也多，许多水东街纸行的仓库就设在这里。据1951年统计，新丰街有纸行20多家，这些纸行都是收购长汀及宁化生产的毛边纸，然后再运往广东。

东门街

东门街也称为东大街，由于这条街紧邻汀州古城的东门（即朝天门）而得名。东门街也是长汀县城历史悠久的古街之一，这条街初创于唐大历年间，形成于宋代。从东门街出朝天门就是汀江朝天门码头，昔日在东门街有存放食盐的大仓库，所以许多运盐的货船在朝天门码头靠岸卸货，搬运工人及船艄公往来极多。同时在朝天门外有著名的汀州天后宫，汀州的妈祖信仰盛行，到天后宫朝拜的香客很多，来往的人流促进了东门商业街的形成，使这条居民住户相对不多的街道也聚集了数十家商店，其多经营百姓日常生活所需的豆腐、米豆、油盐、香烛等。

第三节
文化之都

汀州八属这方钟灵毓秀之地，孕育了几多武将文才？元代著名将领罗良，明代郑成功收复台湾之名将刘国轩，清代"扬州八怪"之一黄慎、画坛巨匠上官周、艺术大师华喦、书法名家伊秉绶、"海内名士"黎士宏……

水土灵秀的客家首府，又吸引了多少八方名流？宋代世界法医学鼻祖宋慈、民族英雄文天祥、理学泰斗朱熹，明代东林学派领袖高攀龙、著名科学家宋应星，清代大学者纪晓岚、"开眼看世界的第一人"林则徐……他们的汀州之旅，给汀州的人文景观积淀带来了极为丰富的馈赠。

汀州客家人崇尚文化，重视教育，以兴学为乐，以读书为本，以文章为贵，以知识为荣，成为一种风气。

几乎所有的家庭，都支持自己的孩子读书。即使在贫困的情况下，许多生活难以为继的家庭也是如此。旧时，有卖田地供子女读书的；有常年吃咸菜稀粥省吃俭用供子女上学的；有挑担、砍柴供子女上学的。

各宗族都很重视兴学育才，办好本族子弟的教育，把其视为本族兴旺发达的大业。宗族的祠堂大多用来办学馆、学校，祠堂亦学堂，确保子弟就读。各宗族大多置有"公田"，收取的租谷或租金（俗称"公尝"）在长汀这类的"公田"称为"蒸尝田"，田租一般有两个方面的用途：一方面用于每年春、秋祭祖以及祠堂的修缮；另一方面，就是培育本族子弟，资助无钱读书的子弟等。有的宗祠、家族，则专门设有"学租田"，收取租谷（俗称"儒资谷"），用于栽培子孙。有的宗族明确规定，考中秀才的人就可以"吃学租"。许多宗族在这方面都有议定，有的还载入族谱。在长汀的城里，还盛行宗族的"蒸尝店"，即由宗族合力在城区购置商店房产，用店租或房租来支持读书人。如《池氏族谱》载："御置有曰：'从今不薄读书人'，况宗族乎！自后，凡入泮者众公太及本房公太，各贺银叁两；补禀者各贺银贰两；出贡拔贡者各贺银捌两；中举者各贺银贰拾两，中进士者，各贺银叁拾两；中鼎甲者各贺银伍拾两。永为定例。"

过去若出了秀才、举人、进士，现代出了大学生，不管出在哪家，都被视为全乡、全村的荣耀。在一些乡、村，采取各种办法，筹集钱、粮，用于资助和奖励学生读书。有的地方，对考入初中、高中、中专、大专、本科的人，奖励多少，或补助多少，都作为制度固定下来，鼓励学生努力读书。

客家人普遍把教育作为衣、食、住、行之外的头等大事。民间有这样的口头禅："有子不读书，不如养大猪。""送子千金，不如教子一字。"富裕家庭不满足于子女在当地接受教育，总是希望子女不断进取，金榜题名。随着教育事业的发展，许多人把子女送到县外、省外较有名气的学校读书。科举制度废除后，有相当一部分人进入大学深造，甚至到国外留学。中等家庭同样"望子成龙""望女成凤"，千方百计乃至不惜变卖部分财产，把子女送到更高一级的学校读书。贫苦家庭人穷志不穷，有村塾的地方，他们的子女一边上学，一边参加家务劳动，毕业后，有一些人靠亲友的资助、父母的节衣缩食和挑担卖苦力继续升学，虽然给家庭带了沉重的负担，但为父母者仍乐此不疲。客家人从不歧视教师，而把他们视为"先生"以礼相待。有些乡村学校，学生和家长主动给学校的老师送柴送菜，无论红白喜事，教师一定是家中的贵客，要坐"上席"。

　　客家人强烈的育才意识，还表现在他们善于采取多种方式教育后代重视文教、崇尚读书。众所周知，客家民居有悬挂、镌刻、张贴楹联的习俗，家庭的对联当中蕴含极其丰富的客家文化积淀，其中教育后人重视文教，重视德行修养、礼仪教养的楹联最为突出。"教子读书，纵不超群也脱俗；督农耕稼，虽无余积省求人""干国家事，读圣贤书""呼儿早起勤耕种，唤子迟眠多读书"……从这些楹联中，我们不难领略到客家人的向往和追求。还有一种形式，就是每逢重大节庆，族长、家长总要把族人、家人召集到祖堂，带领大家重温圣人教诲和列祖列宗遗训，耳提面命，谆谆教诲子孙后代应当奋发读书，学会做人。为了使后代从小就受到良好的教育，把子孙培养成为有用人才，他们可谓用心良苦！

　　客家崇文重教还体现在客家社区的崇文信仰方面。崇文信仰在客家

● 沅阁夜景

社区比比皆是，除了府城、县城有孔庙外，还有遍布城乡的文昌宫和文昌阁，有许多的宗祠内部附设文昌阁，专门用于供奉文昌帝君的牌位，希望家族文化昌盛。有些乡村建有规模宏大的文昌阁，其规模远胜于佛教庙宇。例如上杭县蛟洋镇的文昌阁，规模宏大、气派非凡。在长汀县城有一座古城楼名曰"三元阁"，"三元"即解元、会元、状元之意。"三元阁"内塑有一尊魁星菩萨，手捧一支毛笔，象征着为每一位参加科举的考生们钦点功名。有些人在崇文信仰中甚至还成立结社组织，专门轮流祭祀文昌帝。可见客家社区的崇文信仰十分普遍，深入人心。

客家地区尤其是广大农村，无论是较为富裕的还是贫困的乡村，几乎都把办教育看作一件头等重要的事情，人口相对集中的地方，以宗族为单位或以村为单位办私塾、建学堂，人口稀少的边远小山村，则争取就近入学。校舍不拘一格，有的利用民房的厅堂，有的举全族或全村之力，集资建造，但较像样的校舍大多由族人中商贾富户独资或集资兴建。以永定的土楼为例，每一个群体必定有书斋，而且都建在主楼两侧，位置突出，规模较大，每个书斋都有斋名，旧时斋斋出秀才。永定凡有土楼群的村庄都有书斋。

中原汉人从黄河流域迁徙到南方，带来了中原的汉文化。封建时代乃至民国时期，儒家思想占据着主导地位。作为儒家思想的重要组成部分，儒家的教育观对汉人包括客家人的影响深远。在封建社会，"万般皆下品，唯有读书高"始终是客家人所尊奉的信条。在这种观念的驱使下，客家人崇尚教育也就是必然的了。

客家人注重以人为本。客家的祖先认为，做一个什么样的人是最重要的，其他的都是次要的，而做人的根本准则，就是"忠孝仁义""礼义廉耻"等一整套的道德标准。为了把子孙后代培养成"知书达理"的有用人才，他们把发展教育事业作为一条唯一有效的途径。当然，不能排除他们的另一种目的，即继承和维护汉文化宗法制度、在同宗同族人中形成强大的凝聚力。

众所周知，客家先民定居南方初期具有强烈的教育兴才意识，是因为直接受到祖先遗风的影响，那么，为什么后人崇尚教育、兴诗立礼的观念不仅没有随着时间的推移、岁月的流逝而逐渐减弱，反而愈加强烈呢？除了上述诸方面的原因之外，还有一个至关重要的原因，就是随着经济社会的发展，他们的宗族观念、出人头地与光宗耀祖的思想表现得更加强烈。这一点，在广大农村体现得尤为突出。每个宗族、姓氏，乃至每个家庭，都以能有多少人金榜题名作为一种荣耀。他们的后代，也以此为豪，甚至有一种互相攀比、不甘落后的情绪。如此世代相传，便形成稳定的文化心理意识。这种意识，无形中便成为客家地区教育事业发展的一种动力。对此，我们可以从每个姓氏的族谱的有关记载及其祠堂为功名卓著者竖立的石龙旗杆中得到印证。除了文化底蕴，除了在贫寒中苦读求取功名，除了依靠教育提高整个民系的文化素质，还能靠什么去建功立业光耀门楣，去报效国家、展现自己的社稷抱负呢？于是客家地区，有多少土楼围屋，便有多少学堂。在长汀县城有多少祠堂便有多少的试馆、学舍。20 世纪初，西方的传教士，曾经不止一次地惊叹，说这远比英法的学校密度还大。对客家人来说，教育就是文化传承的最直接最有效的途径。客家地区的教育规模令人刮目相看，教育成果丰硕辉煌。高度重视教育、重视人才、重视知识，这是一代又一代客家人的共识。文化之根，上千年间，一直深深地扎在客家人心中。

第三章

客韵流芳

汀州是闽西客家传统文化的策源地和传播中心，客家民间艺术丰富多彩、源远流长。悠久的历史，给汀州留下了无数令人叹为观止的客家传统艺术，保留了大量充满客家人智慧的民俗活动，传承着众多客家人对幸福生活向往和对美好未来追求的民间信仰。汀州客家传统艺术既保留了中原文化的传统，又融合了汀州原住民的乡土情调，堪称客家艺术瑰宝。

第一节
祖训家风

　　客家是汉民族的一支重要民系。客家文化是中华文化的重要组成部分。客家文化博大精深，异彩纷呈。其中客家祖训家规特别丰富，几乎每一个姓氏都有独特的祖训家规，并教育子孙后代谨遵祖训，耕读传家，规范言行，戮力振基，成为客家文化长廊的一道风景。客家人的祖训家规，寄托着客家先祖对后代的谆谆教诲与美好期望，展现了中华优秀文化和客家优良家风，承载了客家传统美德。

　　常言道，国有国法，家有家规。没有规矩，不成方圆。客家人为了教育族人，把祖训家规记载在族谱上，雕刻在楼门、中厅楹柱上，题写在宗祠的墙壁上，使其成为客家人立身处世、创业持家的座右铭。

　　家训是家庭的核心价值观，家规是家庭的"基本法"，家风是家族子孙代代恪守家训、家规而长期形成的具有鲜明家族特征的家庭文化，是一个家族最宝贵的财产，是每个家族成员自豪感的源泉，是每个家庭成员"三观"的基石。家风是融化在我们血液中的气质，是沉淀在我们骨髓里的品格，是我们立世做人的风范，是我们工作生活的格调；家风是民风社风的根基，是社会和谐的基础。

　　习近平总书记极为注重家庭家教家风，强调：不论时代发生多大变化，不论生活格局发生多大变化，我们都要重视家庭建设，注重家庭、

注重家教、注重家风，使得千千万万个家庭成为国家发展、民族进步、社会和谐的重要基点。党的十八大提出了"富强、民主、文明、和谐，自由、平等、公正、法治，爱国、敬业、诚信、友善"的社会主义核心价值观。客家人的祖训家规体现了中华优秀文化，展现了客家传统美德和优良家风。

2015年9月25日下午，中纪委书记王岐山视察永定客家家训馆时说："客家家训体现真善美，没有一点假大空。"

近年来修族谱注重家训的传承。新修的族谱，都把祖训家规当作重要的内容收入其中，让祖训家规代代相传，培育优良家风。

长汀县是福建省著名的纯客家县，长汀县的居民为客家人。长汀的姓氏绝大多数源自黄河流域及中原地区。据2001年10月19日《福建日报》登载的"寻姓氏根，探文化源，福建河南一千年前是一家"报道中介绍："福建人与河南人血脉相通、血肉相连。""据考证，闽南人和客家人大多数来自中原河南，即河洛地区，他们的语言保存许多汉族的古汉语成分，从其语音、词汇和语法习惯等方面看，都是由中原河洛方言发展演变而来。"据1993年版《长汀县志》记载，南宋以前迁入长汀的姓氏有王、包、刘、李、林、郑、钟、范、胡、修、黄、谢、童、赖、上官、马、邓、江、华、邱、邹、陈、沈、张、杨、戴、罗、涂、程、温、蓝、熊、蔡、廖等34姓。客家民系形成的宋代，是长汀姓氏大量增加的时代，这与宋代长汀人口大量增加是一致的。从目前长汀的一些族谱记载来看，大多数的姓氏在长汀已繁衍30～35代，由此推算大多姓氏其始迁祖（即第一代）迁入长汀的时间也是在宋代，这与长汀客家民系形成于宋代相吻合。据2003年版《长汀县志》记载，长汀共有357姓。

现将长汀部分姓氏族谱记载的有关祖训家规简要介绍如下。

刘氏家训（节选）

心术正而言行皆正，在朝爱国忠君，在家爱亲敬长。

心术邪而言行皆邪，悖理横道，天道断无漏纲。人可不先正心术乎。

邱氏家训（节选）

敬师长：德无长师，主善为师。先生长者，德业兼资。随行隅坐，问难析疑。勿生厌薄，勿敢荒嬉。耳提面命，敬而听之。程门高弟，立雪忘疲。尊师重道，自古如斯。

勤诵读：为学日益，不学无术。圣人论学，首重时习。春诵夏弦，苦心孤诣。嘉言善状，典型在昔。玉不受琢，焉能成器。猛着祖鞭，出人头地。道德文章，功建名立。

王姓祖训（节选）

夫言行可覆，信之至也；推美引过，德之至也；扬名显亲，孝之至也；兄弟怡怡，宗族欣欣，悌之至也；临财莫过，让之至也。此五者，立身之本。

赖氏齐家睦族箴言（节选）

孝父母　父母吾身之本，少而鞠育，长而教训，恩如天地，不孝父母是得罪天地。凡我族人切不可失养失敬，以乖天伦。

和兄弟　兄弟吾身之依，生则同胞，住则同巢，如手如足，不和兄弟是伤残手足，伤残手足难为人矣！凡我族人不可争财争产，以伤骨肉。

李氏家训（节选）

睦宗族：宗族吾身之亲，千支同本，万脉同源，如出一祖。不睦宗亲是不敬祖宗，不敬祖宗则近于禽兽。凡我族人，切不可相残相欺，以伤元气。

重祭祀：祭祀礼重根本，昭穆常情，先祖勋格，尊崇祖德。苟不凛如在之，

诚是渎先祖也。凡我族人，切不可怠忽以渎先灵。

张氏家规

急公守法，完粮息送。士农工商，各执其业。

慎终追远，宜尽诚敬。娶媳嫁女，咸宜配择。

治内治外，不可易位。事事亲敬，敦宗穆族。

养不废教，作养人才。吉凶庆恤，孤寡有体。

捍患御灾，协力同心。奸盗赌博，占欺谋吞。

吴氏祖训（节选）

孝悌论

孝顺父母，尊敬长辈，友爱兄弟，和睦同族，尊祖敬宗，弘扬祖德。

林氏家训（节选）

处世事

明是非、辨忠奸、守节义、权生死，才算得上大勇。不自用、能用人，才算得上大智。

端正勤俭，是居身良法；仁恕正直，是居家良法；恭宽容忍，是居乡良法；廉洁奉公，是居官良法。

俞氏家规（节选）

为人十则

枝繁叶茂同根生，百子千孙勿忘本。

哥就哥，叔就叔，叔姿伯母分清楚。

还生喂他一口汤，当过死后祭猪羊。

兄弟姐妹一团和，同心协力搭金窝。

60

共船过渡前世修，今生共处有缘由。

亲帮亲，邻帮邻，近邻也当自家人。

长江后浪推前浪，希望后人更辉煌。

父母支持终有限，自己努力福无边。

树有根，水有源，年朝午节祭祖先。

族谱家史不可丢，妥为保管卅年修。

马氏家训（节选）

修身宜静，出言宜慎；持家宜勤，处事宜和。念此誓言，朝夕乾乾；子孙有志，尚法圣贤。

董氏祖训（节选）

孝敬父母，尊敬长上，和睦乡里，教训子孙，各安生理，毋作非为。

严氏祖宗遗训（节选）

六劝

一劝遵国法以致安平，二劝齐急公以完税赋，三劝教孝弟以重伦理，四劝教子孙以勤耕读，五劝隆礼教以崇齿让，六劝和乡里以处亲朋。

巫氏家训（节选）

一、劝族人，学勤俭，男出耕，女治膳，三时力作不辞劳，四季纺织常不倦，食时用礼勿奢华，自然钱谷有余羡，从来勤俭般般有，此语永垂难改变。

二、劝族人，训子弟，勤读书，勿游戏，四书五经常讲求，诸子百家时习肄，果然学足于三余，自然琢玉能成器，一朝平步上天衢，光宗耀祖辉门第。

三、劝族人，莫作盗，这生涯，非善道，纵然贫苦不堪言，且自忍耐莫啼号，若其结交于匪人，夜行昼伏为颠倒，有日败露受重刑，命丧黄泉无人悼。

四、劝族人，莫逞强，最无情，斗殴伤，一时失手将人毙，王法森严不可当，冤仇相报无休止，一命填偿两命亡，后生切莫轻动手，临时且自细思量。

沈氏家训

释廉

人非蚓，饮黄泉，谋衣食，也需钱，取有道，不伤廉；

有执业，得自全，工商次，耕读先，勤和俭，抵万千；

富有命，听自然，非我有，勿垂涎，义与利，须衡权；

最不肖，侵尝田，私囊饱，喜翩翩，若此者，罪弥天。

　　除了客家姓氏族谱明确记载祖训家风外，客家宗祠也是传承和发扬祖训家风的重要载体。长汀县城的祠堂可谓星罗棋布，蔚为大观，成为十分突出的景观。长汀县城的祠堂大致分为两大类，第一类为名人的纪念祠堂，如纪念朱熹的朱子祠、紫阳祠，纪念王阳明的王文成公祠，纪念文天祥的文宰相祠，以及纪念历代曾经担任过汀州知府、长汀县令官员的祠堂有数十个之多。第二类为老百姓的姓氏宗族的祠堂，这类祠堂在城区数量多、分布广。

　　长汀县城究竟有多少姓氏宗祠？新中国成立以来城市经过大规模的改造建设，成片的旧房已拆除，代之而起的是崭新的居民新楼。在汀城的街巷中，虽还可以觅得传统客家宗祠，但那只是极少的一部分了。因此，要了解长汀县城客家宗祠的数量和分布只有从历史档案中去查找。在县房管局的大力支持下，从浩如烟海的档案资料中，终于查到长汀县 1951 年造册登记的所有县管公房的清单，从数十册的公房清单中查到所有收归国有的祠堂名称及坐落地址。经仔细抄录表明，1951年长汀县城收归国有的祠堂房产为 183 座，这是长汀城祠堂总数较为可靠的数字。但是必须指出的是，在 1937 年至 1945 年的八年抗日战争期间，长汀县城经日本侵略军战机数次的狂轰滥炸，长汀县城众多民宅祠堂商店被炸毁。最严重的一次是 1942 年 1 月 15 日，9 架日机轰炸长汀县城，城区一片火海，民房、商店、祠堂被炸毁数百幢，炸死平民百余人。长汀传统客家宗祠被毁十分严重。抗战胜利后，虽重建了一部分，但有许多无法复原。所以，即使是 1951 年的数据，也只能供参考了。

在 183 座祠堂中，除了原始记录中未标明姓氏的祖祠 32 座外（可能是当年工作人员疏忽，未注姓氏），其余的 151 座祖祠全部标有姓氏。有许多姓氏拥有多座祠堂。（按祠堂从多至少排列，有九座的分别是王氏、罗氏；有七座的分别是刘氏、赖氏；有六座的分别是陈氏、林氏；有五座的分别是张氏、戴氏；有四座的分别是郑氏、曹氏、吴氏；有三座的分别是丘、许、项、余、李、胡 6 姓；有二座的分别是汤、郭、何、练、钟、曾、傅、廖、修、杨、黄、范、马、谢、饶、江、温 17 姓；只有一座的是房、邹、蓝、沈、周、游、涂、阙、段、叶、袁、熊、阮、巫、萧、童、梁、卢、邓、吕、蔡、官 22 姓。）

1951 年长汀县城保存的 183 座祠堂，在收归国有之后，因国家建设的需要，大多数已拆掉。现仍保存在县城的祠堂仅占 1951 年的四分之一左右，至 2000 年底调查，保留的祠堂总数为 46 座。这些祠堂早已不是该姓人居住了，都由房管部门安排给城里无房的居民使用。居住在祠堂里的居民大多不了解这些祠堂的历史，也无任何的文字遗存，但这些仍保留下来的祠堂毕竟为我们提供了进一步了解祠堂历史的实物。

汀城祠堂目前还有 46 座，在向许多老一辈知情者了解的基础上，同时结合历史资料，现将县城部分有代表性的祠堂介绍如下。

刘氏家庙

刘氏家庙坐落于长汀县城乌石山劳动巷 7 号，所在地俗称龙首山状元峰下。刘氏家庙北倚卧龙山，西接横岗岭，东临汀江，南靠兆征路。刘氏家庙地处汀城的乌石山高坡，每日清晨此处雄鸡为全城最早报晓，故旧称"鸡鸣最早处"。刘氏家庙气势雄伟壮观，环境清幽，景色优美，而且因地形似龙头，故刘氏族谱中将此地形称为"龙首献珠"形。

刘氏家庙始建于北宋太宗淳化三年（992年），是刘氏入闽始祖刘祥的七世孙河南怀庆府（今河南沁阳市）府尹刘参常为首倡建的。建造之初祀三国蜀刘邦次子鲁王刘永及入闽始祖刘祥，故刘氏家庙又称"鲁王府"，当地百姓习惯称之为"王衙"，刘氏家庙前的街巷被称为"王衙前"，虽然"文革"后这条巷已改称劳动巷，但汀城的百姓至今仍称旧名。

刘氏家庙历经多次的维修。元初曾被大火焚毁，至明永乐三年（1405年）经合族集资重建。后又经明隆庆、清嘉庆、清道光及民国多次维

● 刘氏家庙

修。民国二十六年（1937年）由上杭刘姓牵头，上杭、长汀、武平三县刘氏宗亲集资修复，故现在的刘氏家庙又被称为"三县祠"。后来连城、永定两县的刘氏宗亲也有参与集资建造，故而又称"五邑祠"。刘氏家庙至今仍保持明代建筑风格，相当完好。整座建筑坐北朝南，占地面积1000多平方米，由门楼、边门、照壁、上厅、中厅、下厅、花台、书院、福德祠（即土地祠）、朱子祠、桃园结义亭以及两边厢房组成。整个建筑气势恢宏，层层递进，结构合理，布局有序，计有房间五十四间。正堂为单檐歇山顶式，面阔四间，进深四间，抬梁式结构，十一檩前步廊，柱梁用材大，地面采用传统的"三合土"墁地，鼓镜式柱础。挂匾处为砍削梁形，正堂中悬挂"敦睦堂"三字大金匾。屋顶为琉璃筒瓦泥鳅脊，屋檐梁柱，门栏窗格，俱精雕细刻。砖砌裙墙，围垒至顶，所有构筑墙壁用的砖块都刻有"刘祠"字样，屋檐用宋、明时的瓦当滴水。整个建筑实为汀城所有祠堂之最，令人叹为观止。特别是对祠堂大门的奇特处理和含祖祠、书院、纪念堂合而为一的建筑构思，反映出建筑者的独具匠心。祠堂有三个大门，即正门的大门楼、内进大门和前厅大门。在正门门楼的两侧还有两个石条门框的边门。祠堂砖墙两侧建有防火走巷，巷口各有小门一个。正门的内楼采用三间四柱三楼式样，柱枋之间为各种图案。门楼上方"刘氏家庙"四字，厚实庄重，字体遒劲，书法功底相当深厚。两侧边门采用垂花式样，把我国南北方通用的门式组合在一起，相得益彰。祠堂大门前设七级石板台阶，寓意从入闽始祖刘祥至建刘氏家庙时已历七代。前厅门前保留望柱石栏杆，雕刻精美，有石狮一对，形象逗人。祠堂后的花台，早年种有槐树盆景以及牡丹、月桂、石榴等花木。沿着花台上坡，即刘氏家庙的东山书院用房，隔壁福德祠内除安奉土地神外，还有纪念朱熹的朱子祠和纪念先祖刘备与关羽、张飞桃园三结义的桃园亭。

　　如此规模及精巧构思的祠堂在汀州古城内首屈一指，据刘氏后裔介

绍，现存的汀城刘氏家庙为刘姓江南五大宗祠之一，历来为汀州八县及江西、广东等地刘氏后裔祭祀祖先的活动场所和汀州各县刘氏子弟来汀读书及参加科考寄宿研读之地。

据刘氏宗亲理事会的老人们介绍，刘氏家庙在历史上还和一些著名的历史事件和历史人物有关联，使这座家庙披上了五彩斑斓的历史霞光，具有不同凡响的意义。

在历史上，崇安县的理学大师朱熹曾在此讲过学；南宋末民族英雄文天祥两次到汀州募兵，文天祥的指挥机构就设在刘氏家庙内；太平天国石达开入汀时也驻在该庙；清代"戊戌六君子"之一的刘光第回祖籍武平湘店寻亲时，路过汀城，专门前往汀城刘氏家庙祭祖；民族英雄郑成功的主将、长汀四都荣坑人刘国轩回汀省亲时，曾下榻于此。在现代史上，20世纪20年代中期，中共长汀支部的"训政人员养成所"设于刘氏家庙；在第二次国内革命战争时期，中共福建省兆征县的县委机关、兆征县苏维埃政府机关在此办公，当年中华苏维埃中央政府的许多领导人如毛泽东、朱德、刘少奇等多次到这里检查指导工作，陈云指导苏区工会运动的名作《怎样订立劳动合同》就是在这里撰写的。共和国第一任空军司令刘亚楼上将，年轻时在长汀中学读书，就食宿在这里。

如今刘氏后裔散播于闽、粤、赣、桂、滇、川、黔、浙、湘、台、港、澳以及新、马、泰、美、日、英、菲律宾、印尼、越南、缅甸、新西兰、古巴、加拿大、马耳他等十几个国家。每年都有海内外刘姓后裔回汀寻根祭祖。

上官氏宗祠

上官氏宗祠位于长汀县城劳动巷4号（王衙前）。据《天水堂上官氏官坊族谱》记载：康熙八年（1669年）长汀南山官坊上官氏的"立、世、朝"字辈的族人联合河田镇上官氏的"振、上"字辈的族人和上杭贴长

● 上官氏宗祠

（步云乡）上官氏的"德、千"字辈的族人发起倡议书，分别向闽、粤、赣、浙等省的上官氏同族集资，在汀城王衙前建祠。上官氏宗祠于康熙十四年（1675年）竣工，名曰"冀纶堂"，作为书院兼备宗祠用。整个祠堂占地500多平方米。由门楼、前厅、天井、中厅、后天井、正厅以及两旁的前、后厢房组成。正厅上方为神龛，供奉上官氏历代宗亲的神位。共有房间20余个及厨房、管理房、书房等。整个祠堂为木构架，悬山顶式，建筑古朴大方。

我国清代著名画家上官周于康熙十七年（1678年）从长汀南山乡官坊村到汀州时就寄住在上官氏宗祠，拜名画师钟怡为师。上官周虚心学画，研习诗文、书法和篆刻，有"神童""奇才"之誉。后上官周历游闽、赣、浙等名山大川，画名鹊起。康熙四十年（1701年），上官周从上官氏宗

祠迁汀城汀江巷，自筑"楼三楹"，名曰"竹庄"，自号竹庄山人。翌年，宁化黄慎拜上官周为师，终成为"扬州八怪"之佼佼者。乾隆八年（1743年）上官周携孙赴广州刊行《晚笑堂竹庄画传》，从此上官周未再回过长汀并卒于广东。他的画作收藏在故宫博物院。

1939年，上官氏宗祠的牛角门楼倒塌，由上官世富倡议维修。50年代初收归为县公产房，现保存完好。

游氏家庙

游氏家庙坐落于长汀县城建设街17号，为汀州辖长汀、宁化、清流、明溪、上杭、永定等县游氏后裔的家庙。

游氏家庙建于明崇祯年间，占地1000多平方米，全部为青砖封火墙包过栋砖木架构。游氏家庙门前是建设街的通道，祠堂牌楼朝东，石条门框建筑，进入牌楼门，是宽阔的庭院。庭院里面才是祠堂的大门，大门朝南，用长石板砌成门框，石条门内是长方形的天井，中间为石砌走道。下厅为七柱架梁式大门，圆形丝纹石础，挑梁承托均有镂刻雕花。上有屏风，左右二房均有矮楼，房前为小院，植有花木。入内为天井，左右厢房。上厅为九柱大厅，有石砌花雕神龛神台及神主牌，左右各三间房，均有楼房。后厅为一厅四间，西边为长廊两层厢房，上下各一厅八间，前为直长形的天井，上下厅各有门可通，后厅两边有后门可通老城脚下。东边为长形通道，有深水井可供百余人饮用，整个游氏家庙总计38个房间。之所以建造这么多的房间，是为了供汀属各县游氏子弟来汀城科举考试食宿之用，因此，它既是家庙又是书院试馆。

游氏家庙祭祀游氏先祖宋代大儒游酢。游酢字定夫，号豸山，宋元丰五年（1082年）进士，官至太学博士、监察御史，曾任和州、舒州、濠州知州。游酢为入闽始祖游匹的九世孙。汀州游姓入汀始祖是游酢的后裔，于南宋末年入汀。其族人游友德于明崇祯年间官至安徽和州知州，人称游司马；游福裕从军，以功官至廉州指挥。

汀城游氏家庙祭祀游酢，而游酢在历史上又有与杨时拜师程颐的"程门立雪"佳话，成为游氏后裔求学的典范。

汀城游姓与台湾游姓是一脉宗亲。有台湾游姓来汀寻根谒祖时，在游氏家庙的神主牌上查找到汀城游姓入台的先祖。据新编《游氏族谱》征求意见稿中载：清康熙年间，汀城游东壬、游进会、游进忍、游阿瑞入垦台湾的凤山、彰化、员林、宜兰等地。雍正、乾隆年间，汀城游东夷、游宗罗兄弟分别入垦台南、桃园。游文昌则入垦台北新店，现游氏在台已繁衍至 12 万多人。同时，还有许多游姓后裔迁徙至潮、汕、梅州、南靖、诏安以及马来西亚、新加坡、印尼、泰国等国家，他们每年都组团回汀祭祖。

李氏家庙

李氏家庙位于长汀县城五通街民主巷 2 号，是祭祀李氏入汀始祖李火德的，取名"一本堂"，有正本清源之意。李氏家庙建于清嘉庆甲子九年（1804年），至今已 200 余年历史。该祠坐北朝南，壬山丙向，砖木结构，占地825 平方米，建筑古朴、宏伟壮观。该祠堂从大门进入分别为上、中、下三栋，两个大厅，西边有横屋楼房一排，前有祠坪。祠堂大门是用石板条砌成的牌坊式门楼，上方有一长方石块竖刻"恩荣"二字，横楣是"李氏家庙"四个大字，门前祠坪竖有石柱桅杆一对（也称石龙旗）。该祠堂于清道光十五年（1835 年）重修，仍有一小块刻石嵌于壁上为记。长汀县城的李氏家庙与上杭县稔田乡的李氏大宗祠建筑形式相仿，也同样有"恩荣"二字，也都是祭祀李火德的，但上杭稔田的李氏宗祠建于 1837 年，比长汀的迟 33 年，祠堂的门楼是仿照长汀县城的李氏宗祠门楼式样建造的。

李氏家庙是长汀、上杭、武平、永定等县李氏的总祠，所以汀属各县都在每年的春秋两祭中派员来汀参加祭祀活动，香火十分旺盛，同时还接待各县来汀经商、求学、考试的各类李姓族人。

曾氏宗祠

曾氏宗祠因祀宗圣曾子，故又称为宗圣庙、曾子祠。曾氏宗祠位于汀城横岗岭路 30 号，壬山丙向兼子，坐北朝南，占地面积 300 平方米。据曾姓七十四代裔孙曾宪礼于 1996 年新编《汀城曾氏重修族谱》记载，曾氏宗祠始建于明嘉靖二年（1523 年），清道光二十四年（1844 年）重修，由汀属各县曾氏集资修建。该宗祠保留了汀城府第式的建筑风格，由门楼、天井、两廊、正座、后天井、两厢、后座及后院、东侧厅所组成。门楼、正座、后座均面阔三间，为穿斗式木架构，正座为前廊轩顶、神龛为砖构须弥座，两山及后墙均为砖构封火墙。门楼歇山顶，翼角翘起，门面分左、中、右三门，左、右门为单开门扇的边门，中门为双开门扇大门，两扇大门有两幅高大的门神漆画，十分威武传神。门楼上方为"曾氏宗祠"四个大字。整个建筑结构严谨，古朴大方。

该祠为汀州八县曾姓共有，香火十分兴旺。据曾氏后裔称，在古代州府一级所建的曾氏宗祠，目前国内保存极少，汀州曾氏宗祠是保存得相当完好的一座。近年来，由曾氏后裔倡导成立汀州宗圣庙维修理事会和汀州曾子学术研究会，来自龙岩、上杭、武平、永定、连城、长汀、宁化及广东、江西的曾氏后裔代表近百人召开成立大会，并在曾氏宗祠举行祭祀宗圣曾子活动。

赖氏宗祠（赖氏坦园公祠）

赖氏宗祠位于汀城南大街 102 号，因祀坦园公，故名赖氏坦园公祠（坦园公属宝珠门赖姓吉升公房之后裔）。该宗祠由汀城赖氏坦园裔孙建造，具有明代宅第风格。汀城赖氏属豪门大宅，建有著名的私家宅第赖屋花园，在汀城享有盛誉。该宗祠体现了赖氏豪门的气派。赖氏坦园公祠始建于明代，清代及民国时期均有修葺。占地面积约 900 平方米，坐北朝南，砖木结构。组群布局为：照壁、门楼、前厅、两廊、正堂。门楼为

● 赖氏宗祠

岩石构件，通高约 9 米，大额枋雕饰双狮戏珠图案，小额枋为琴、棋、书、画雕饰，次间两窗饰有云纹，蝙蝠与额枋相对应，反映"福禄寿"字图，正厅面阔三间，进深三间，平面为方形，单檐歇山顶，抬梁式构架。明间金柱直径 43.7 厘米，正中有藻井并在四角饰有垂球。平面布局保留明代特征，具有传统宗祠的建筑风格。

该宗祠由于厅堂高大、庭院宽阔而成为汀城极有代表性的祠堂。在 20 世纪 30 年代，曾作为中央红军的驻地及办事机构，民国时期还曾作为民国政府长汀县党部的用房。

吴氏宗祠（紫云公祠）

吴氏宗祠位于汀城南大街 105 号，该宗祠祀紫云公，故又名紫云公祠。该宗祠建于清代，占地约 600 平方米，是长汀城保存完整、具有很高研究价值的古宗祠之一。紫云公祠坐北朝南，为府第式砖木结构，由大门、照壁、天井、正堂、后厅、后堂组成。大门坐东朝西，单檐硬山顶，面阔三间，两侧连接封火墙，门为木构直棂栅门。明间金柱础，由两排斗拱托椽樽，正脊翘角为双狮戏球，瓦当为"寿"字。门楼坐北朝南，为单檐悬山式，砖石结构，门椽画有人物彩绘，匾额书写"紫云公祠"，门楣雕饰双狮戏球。门左侧保留一口古井，大门内左侧为"打鼓间"，专为红、白喜事鼓手演奏用。右侧为磨坊，专为砻米谷及磨米面用。次门两侧为琉璃方窗。前厅正门是六扇镂空雕花隔扇门，正厅为穿斗式构架，九檩卷棚，梁架上有浮雕，面阔三间，进深六间，中间设有神龛，供奉吴氏紫云公系一脉宗亲神位。后堂系双层绣花楼，楼间设有美人靠座椅。整个祠堂布局和结构完整，保留了清代建筑形式和特征。

　　该祠堂为汀城吴姓春、秋两祭的场所，现在由吴氏后裔管理使用。

● 吴氏宗祠

林氏家庙

位于长汀县城区五通街43号。清代建筑，坐西北朝东南，砖木结构，抬梁式木构架，单檐硬山顶。原为宏伟建筑群，由于历史原因，部分建筑被毁，现存宇坪、正门、门厅、前后厅、厢房、横屋等。占地面积1200余平方米，建筑规模较大。

该家庙具有传统家庙建筑特色，为汀州八县林氏谒祖敬宗之场所，对研究汀州八县林氏的家族史、客家史、经济史有一定的意义，并具有较高的历史价值、艺术价值和重要的涉台文物价值。

林氏家庙于2009年12月被公布为省级文物保护单位。

● 林氏家庙

● 观寿公祠

观寿公祠

观寿公祠位于长汀县南山镇中屋村，是为纪念钟屋村开基始祖钟观寿而建。1934年9月，红九军团松毛岭阻击战的战斗指挥部设于观寿公祠，同时这里又是红九军团长征出发的集合地，因而观寿公祠在中央苏区革命史中有重要的历史地位，蜚声中外。

观寿公祠建于清初，坐东北朝西南，砖木结构，厅堂式建筑，由门楼、前厅、天井、两廊、正堂及左横屋所构成，占地面积314.16平方米。抬梁穿斗式混合结构，悬山顶。门楼为五凤楼，由五层如意斗拱承托。出挑的雕刻图案线条流畅，刀功老到，有如此精致装饰的门楼在县境内的客家宗祠中实属少见，整座建筑保存完好，有较高的历史和艺术价值。1934年9月，红军为阻止国民党军向中央苏区进攻，确保红军主力战略大转移，在松毛岭与国民党军进行了激烈的战斗，这就是历史上著名的松毛岭阻击战。红军的战斗指挥部就设在观寿公祠。1934年9月

30 日红九军团在观寿公祠前举行誓师大会，告别乡亲，开始了举世闻名的二万五千里长征。观寿公祠具有极高的旅游开发价值。

黎氏宗祠

黎氏宗祠位于长汀县新桥镇任屋村，该宗祠是祭祀长汀黎姓五世祖任屋村黎氏开基祖黎明杰，由黎明杰之孙七世祖黎一昆率三个儿子建造，建造时间为明末清初。该祠堂由于其独特的古堡式结构，上、中、下三栋屋脊呈王字形（故称王字栋），上无天空、下无天井，二米多高，一米多厚的石砌围墙，雨坪上有两道鹅卵石砌成的挡墙，需拐两个弯才能进入大门，因而成为长汀县独一无二的祠堂建筑形式，具有很高的艺术和建筑科研价值，是长汀祠堂建筑的瑰宝。该祠堂于 1990 年、1994 年进行重修，坐西北朝东南，土木结构，穿斗抬梁式木构架，悬山顶，由门楼、雨坪上的围墙、雨坪、正厅构成，占地 1000 余平方米。正厅面阔 1 间，明间 4.29 米，进深 13 柱。近 20 米深的厅内无天井，在原本是天井的位置，特意建造有单独屋脊，还有一条屋脊与上下屋脊相垂直，形成"王"字形屋顶的屋面，"王字栋"由此而得名。周围二层的夯土墙体厚度达 1.2 米，门楼的门扇厚也有 20 厘米。整座建筑有良好的防御功能，是长汀县独具特色的客家土楼式建筑，具有旅游开发价值。

文富公祠

文富公祠是当年的富豪彭文富所建，该公祠位于长汀县新桥镇新桥村彭屋 21 号，建于民国初年，门楼坐东南朝西北，大门坐东北朝西南，土木结构，硬山顶，穿斗抬梁式建筑。由门楼、空坪、天井、前厅、中厅、后厅、厅两侧厢房及横屋组成，占地 1820 平方米，前厅抬梁式木构架，中厅穿斗式木构架，面阔 3 间，明间 5.128 米，进深 8 柱，带前卷棚廊。屋内主梁、枋和雀替雕刻精美，横屋外段设有边厅，自成一体，并有独立的小型鱼池等。整体建筑规模宏大，有九厅十八井之称，是长汀客家祠堂建筑中独具特色的一座。1929年，红军队伍在此驻扎过，横屋墙上还有红军标语。文富公祠具有很强的历史、艺术价值和旅游开发潜力。

余氏家庙

余氏家庙坐落于长汀县河田镇下街，建于明代，坐东北朝西南，硬山顶，抬梁式木构架，砖木结构，二落一进。占地面积220平方米，由大门、下厅、天井、上厅组成。正厅面阔3间，明间5.1米，进深7柱，带卷棚前廊，木构件雕刻精致。大厅立柱以石柱为主，用材较大。四周墙体均为沙灰包墙，大门墙左右精致镂空沙雕窗等，坚固耐用，几可与石材相媲美。专家看后，对如此的建筑艺术赞不绝口。余氏家庙是长汀客家建筑中的精品。

● 余氏家庙

戴氏家庙

戴氏家庙位于长汀县三洲乡三洲村下街路口，是为了祭祀戴姓入汀始祖戴均钟，因而该祠堂是长汀戴氏总祠。该祠堂始建于清代，由于损毁严重，1940年由戴振兴、戴仲玉等倡修。倡修人之一的戴仲玉，为民国时期的国大代表，1949年到台湾后，曾任福建省主席。现在戴氏后裔许多在台湾，国民党原主席吴伯雄的夫人戴美玉女士便是该祠的后裔。现在戴仲玉、戴振兴等后裔经常回乡祭祖，捐资家乡建设，因此戴氏家庙是具有重要涉台价值的姓氏宗祠，成为长汀客家名祠。该建筑为单檐硬山顶，封火墙，二落一进，由大门、下厅、天井、上厅所组成，占地332平方米。正厅面阔三间，进深四柱。明间抬梁式木结构，次间硬山搁檩。大门为砖质牌楼式，二柱一门，飞昂、角昂、脊板、戗角齐全。两边封火墙高低错落有致。整体建筑高大壮观，有着浓郁的客家祠堂风格。

该祠堂是戴氏总祠，是戴氏族人祭拜祖先的重要场所，也是台湾戴氏后裔返乡寻根拜祖的重要祠堂。

2009年1月戴氏家庙被公布为县级文物保护单位。

三大房戴氏家庙

三大房戴氏家庙坐落于长汀县三洲乡三洲村下街12号，是祭祀戴姓五世祖五九郎的，建于明宣德六年（1431年），由于是三洲戴姓三房共有的祠堂，因而又称三大房祠堂。该祠堂前厅的横梁上，悬挂着一块大匾，上书"大夫第"三个大字。该牌匾立于明宣德六年。该祠堂坐东南朝西北，砖木结构，抬梁式木构架，硬山顶，封火山墙，面阔11米，进深16米，由大门、下厅、天井、上厅及后厅背组成，占地176平方米。建筑用材较大，空间宽敞。许多木构件均有精致雕刻，正门沿街门口还有一对石狮子，具有鲜明的客家宗祠建筑风格。该家庙曾作为三洲乡文化站使用过，目前用作老年活动中心。

● 三大房戴氏家庙

新新巷家祠群

新新巷家祠群位于长汀县城区南门街,由曾宅、郑氏家庙、罗氏家庙、傅氏家庙(建于清代,是纪念公元 1277 年入汀一世祖傅正先而建的)、赖氏家祠等五座家祠家庙所组成,横跨新新巷及中心巷,占地总面积 3000 余平方米。五栋家祠均为清代砖木结构府第式建筑,坐北朝南,抬梁式木构架,用材较大,大部分为悬山顶,曾宅为硬山顶封火墙。有式样各异的石门楼及门厅、天井、前中后厅、厢房、横屋、马槽等。特别是郑氏家庙,规模较为宏大,后楼各间门楣上均有"永定县""上杭县""武

79

● 傅氏家庙

平县"等原汀州府各县驻汀机构的阴刻字样，体现了当年汀州府中心城市的历史地位。如此集中、成片的家祠群构成了独具传统特色的历史街区。均属公产房，现保存基本完好。

2009 年 12 月新新巷家祠群被公布为省级文物保护单位。

河田宗祠一条街

长汀河田镇的宗祠一条街形成于明清时期。明清时期为汀州府的政治、经济、文化的繁荣时期，离汀州府 20 多公里的河田镇气候温暖、水量充足，水稻和薯类的亩产都较高。此外，汀江流经其境内，可乘船顺利到达汀州府，亦可乘船直下上杭、广东，因此，附近的县乡都往河田迁移，人口多了自然姓氏就多，共有李、上官、丘、俞、廖、余、韩、叶、刘等 20 余姓，在此建有祠堂。因此，在河田老街上就出现了宗祠一条街的独特人文景观。

　　宗祠或家庙是同一宗族内部最高权力机构和办公地点，一所宗祠民主推举一德高望重的长者为族长，主持该宗族内部的事务。

　　宗祠一般选址于风水较好的人流集中之所，在人口集中的集镇则往往建于街市之上。宗祠的厅堂正面墙上筑大型的神龛，神龛上供该姓氏上祖考妣一脉宗亲之牌位，有的还列该姓氏考妣一脉宗亲姓名于其上。每逢年节或大型祭祀活动其后裔便在牌位前烧香照烛，三叩九拜。大型的祭祀活动主要是在农历的重大年节和宗族内婚丧嫁娶、子女升学时举行。每当此时，宗祠内不仅打扫卫生，张灯结彩，贴对联、挂灯笼、放鞭炮，有的还大办筵席隆重庆祝。特别是春节期间和清明时节，宗祠内更是热闹非凡。

● 河田宗祠一条街

第二节
民俗风情

　　自古以来，风俗总是一个极富魅力的迷人世界，作为在生产、服饰、饮食、居住、婚姻、丧葬、节庆、娱乐、礼仪、信仰等物质生活和文化生活方面广泛流行的、经常重复的行为方式，被大众普遍接受和自觉传承。要了解和认识一个区域、一个族群、一个民族，最佳的途径就是先了解这里的风俗，看一看他们吃什么，住什么，穿什么，用什么；看一看他们如何种田，如何种树，如何饲养牲口，如何做工，如何经商；看一看他们过些什么节日，信仰什么样的神明。由此便可知道其社会概貌了。风俗像一部活教材，向世人展示一个族群的文化和社会生活的风姿，显得格外丰富而迷人。

　　长汀的传统风俗，大多是唐宋时期蛮汉融合，客家先民形成过程中，中原地区的风俗习惯在吸收和融合当地原住居民、其他地区、其他民族的良风美俗基础上逐渐形成的,在传承和变异中显得特别丰富多彩,包罗万象。尽管这些风俗具有明显的地域性，所谓"十里不同风，百里不同俗"，但其基本内涵具有一致性。不管汀东、汀南、汀西，不管语言是硬是软，也不管南方片大年初一吃素，北方片大年初一炖公鸡，端午节吃粽子、中秋节吃月华饼、七月节打糍粑、九月节蒸灯盏糕都是一样的。所有这些风俗,都会随着时代的发展变化而变化,有的过去在民间很流行,有的今天很流行。

岁时习俗

春节习俗

对于小孩子来说，最高兴的事莫过于过年了，有好东西吃，有新衣服穿，有鞭炮玩……随着岁月的增长，才慢慢地体会到，过年，对小孩是高兴，对家长就不一定了，所谓有钱人过年，没钱人过关。

春节俗称过年。百节年为首，过年是一年中最大、最隆重的节日，既是除旧布新，也寄托着对新的一年无限的希望。过年大致可分为三个阶段：准备阶段、过年阶段、余兴阶段。

准备阶段。农历十二月开始到除夕为过年的准备阶段。以农历十二月二十五日"入年假"为界分为前期准备阶段和后期准备阶段。

农历十二月，家家户户开始筹办"年货"，赶做"年料"。男人们想方设法多赚些钱多置办些年货，妇女们多砍柴割草准备过年。十二月二十五日为"入年界"，俗称"鬼锁山门"。此后，妇女们不上山砍柴割草，在家大扫除，搞卫生，迎接新年。

必备的年货主要有以下种类。

蔗糖，红糖或者赤砂糖。当年多以濯田糖为好。因蔗糖黏性强，适合做年糕，每家每户都购进十几斤或几十斤。

橘饼，用橘子、糖制作，取吉利的意思，除夕过后拜年用，现在多用冰糖代替。

甘蔗，每家都备上几根至几十根，用于接待来客，主要是小孩。

糯米，主要用于蒸米酒、做年糕。

年米，食用大米。一般每户最低要备足食用一个月的大米。过去有"不出正月不准响碓"的说法。脱谷皮基本靠碓，由人工牵引，工作量十分大，多数家庭要苦战三四天才能完成。

爆竹,亦称"爆仗""炮仗""鞭炮"。长汀涂坊的爆竹花色好,品质高,长汀人较喜欢。在新的一年到来之时,家家户户开门的第一件事就是燃放爆竹,称"开门爆竹",以哔哔叭叭的爆竹声除旧迎新。放爆竹可以创造出喜庆热闹的气氛,可以给人们带来欢愉和吉利,成为节庆日的一种娱乐活动。

必须做的事有以下内容。

做新衣服:给全家人每人至少做或买一套新衣服、一双新鞋、一双新袜子。

制作粉皮、粉条:用淀粉(主要是地瓜粉或蕃芋粉)和明矾,经过调糊、成型、摊晾、切割四个步骤,在家里调制而成,用于接待客人时做主食。

蒸酒:立冬过后,家家户户开始蒸酒。蒸酒颇讲究"山味""土味"。酿酒的主要原料糯米以刚脱壳的糙米为最好,水用古井水,酒饼以江西、福建宁化的土酒饼为上,清洗酒缸酒瓮用的是客家地区随处可见的"布惊叶",不用洗洁精。每年秋冬时节,客家主妇用"布惊叶"把酒缸、酒瓮、大锅等蒸酒器具泡洗干净,把糯米蒸熟,凉透,再把"酒饼"(曲药)研碎调冷开水均匀撒在糯米饭上拌匀,倒进酒缸里,中间做出一个酒井,用簸箕盖住,用稻草、烂棉被等封住保温,让它发酵,直到酒井中渗满酒为止,再搅匀装入酒瓮中。到冬至那一天,将井水添加入酒瓮中,叫添酒。客家酿酒的最后一道工序是将米酒从酒糟中过滤出来,装进酒瓮中,用草纸、菜叶封好酒瓮,埋入燃有暗火的火堆中(一般用谷皮)炙上好几个小时,直到酒炖开为止。这样,不但可以使酒质更加醇厚清香甜美,而且可以保留更长时间。食用时,将酒打出温热即可,即俗之所称"水酒"也。民间认为酒甜而醇说明来年运气好,老而涩则运气不佳,如能酿出红曲酒则运气特佳。

腌制腊肉:立冬过后,家家户户灌香肠,腌制猪肉、牛肉、猪肝、猪面夹等,凡是能腌的基本上都有人用来做年货。在广大农村,春节期

间一般没有人杀猪卖肉，客人来了，拿什么招待客人？主要靠腊肉。腊肉已经成为长汀人的一道特色菜肴。

农历十二月二十五日是跨入新年的界定日期，叫"入年假"。"入年假"之后，外出做工经商的人都要赶回来，要教育小孩不能骂人，不能讲不吉利的话。农历十二月二十五日至三十日这几天，最为紧张，男女老少个个忙忙碌碌、紧紧张张，做过年的最后准备。

蒸年糕：年糕又称"年年糕"，与"年年高"谐音，寓意着人们的工作和生活一年比一年提高。年糕有蒸年糕和炸年糕。蒸年糕分黄、白两色，象征有金有银，就是将糯米浸泡再打成米浆，脱水后与砂糖揉匀调和，倒入蒸笼中，放入花生仁、芝麻等配料蒸熟即可。炸年糕，又叫蒸糈，就是将糯米浸泡再打成米浆压水后，按一斤米二两蔗糖的比例，将糯米粉与蔗糖拌均匀，用力搓和成粉团，然后手工制作成各种各样的形状，如乒乓球、五角星等，以扁长型为主，每根约 10 厘米，再放进油锅，炸成深红色即可。过年时将所炸油果蒸软作为下酒料，这是在新年期间每餐不可缺少的食品。在制作年糕的同一天还要蒸豆腐、灯盏糕、黄豆、花生米、芋头丝等。

做豆腐：长汀制作的是卤水豆腐。先将黄豆用水泡数小时，再磨成浆，放入特制的豆腐作坊加热，将豆汁烧开后（一定要等豆浆熟了），开始点卤了，一般 10 公斤豆子的豆浆，加两汤匙卤水就可，卤水不可一次加进去，要边加边搅。加卤一定要慢，看豆花的形态，想老点就多加点，但这样会少出豆腐。点完后，等五到十分钟，看豆花很饱满了，再舀入事先准备好的豆腐框里，用石块等重物堆压去水便成豆腐。豆腐主要用于炸豆腐、豆腐角、豆腐线、豆腐块，来客人时用作主菜或配料，有的用于第二年上山或生产劳作时方便携带的菜，不少人家藏到来年五月节，甚至到收割稻子时节。

送年礼：父母与女儿之间互相馈赠年礼，互祝"大大过年"。县城多

数是娘家给女儿送年礼，农村多数是女儿给娘家送年礼。

扫尘：叫"打火弹煤"。用长竹扫帚满屋打扫。"腊月二十四，掸尘扫房子。"因"尘"与"陈"谐音，过年扫尘有"除陈布新"的含义，通过扫尘把一切穷运、晦气统统扫出门。这一习俗寄托着人们破旧立新的愿望和辞旧迎新的祈求。家家户户择定吉日打扫环境，清洗各种器具，拆洗被褥窗帘，洒扫六间庭院，掸拂尘垢蛛网，疏浚明渠暗沟。经过彻底大扫除，室内室外窗明几净，心情无比舒畅，到处呈现一派欢乐气氛。

旱塘：杀猪、鸡、鸭等。农家多数有口小鱼塘，新年前几天把鱼塘放水捉鱼，一则用鱼制作菜肴，二则方便春节后挖取塘泥做肥料肥田。与此同时，陆续开始杀猪。一般人家过年都要用上三四十斤猪肉，有的人家杀一头猪过大年，主要是制作腊肉、请客和馈赠亲友。年三十上午要杀鸡鸭，用于供奉和过年主菜。

祭灶：也叫送灶君。十二月二十三祭灶，有"送灶君爷上天"之说。事先从集市购回灶君神像，写好灶疏（一家大小姓名年龄），准备好元宝、香烛、三牲、酒、素果等祭品。祭品多用糖类等甜食，为求"把灶王爷的嘴抹甜了，在玉皇大帝面前多奏好事"。二十三日晚饭后把灶台洗刷干净，在灶边放一张"八仙桌"，将祭品摆上，全家老少齐集灶神像前行礼，虔诚敬送灶君返回天庭述职，祈求灶君在玉帝面前美言赐福消灾，来年财丁两旺，合家平安。一般人家拜祭时只向灶君祈祷几句"赐福消灾，保佑合家平安"之类吉祥话。有文化、有知识的人家还要郑重其事地摆祭，读祭文，祭文如下："惟君，仍合家之主，君为五祀之先，朝炊暮厨，岂无亵渎之处；合家兴旺，全赖扶持之力，既感恩于平日，敬酬谢于此夕，伏冀神君，俯鉴微忱，保长幼以安宁，佑添丁而增福。尚飨。"祭完后把旧的灶君取下烧掉，三十日晨把新像贴上。

蒸岁饭：除夕前一天，家家户户用饭甑蒸岁饭，供奉时要在饭中插上十二双新筷子、十二颗大蒜，如果是闰年要十三双新筷子和十三颗大蒜，

岁饭要供数日，取"岁有余粮"之意。初三早晨重新蒸热食用。大年初五才可以放生米下锅。

一家老少忙到十二月三十日，年货、年料全部备齐，合家欢乐，特别是小孩更是欢天喜地，吃得好，穿得好，又不挨大人的呵斥打骂。外出经商、做工的人最迟也在大年三十赶回家吃"团圆饭"。这天也最为忙碌，不知苦累地去做各自要做的事，但大家都是乐呵呵的，满脸春风。

农历十二月三十日，又叫除夕，这天要做的事很多。

敬祖先：除夕早餐后，每家每户开始杀鸡，在自家祭祀祖先。凡是当年添了男丁的要派人到宗祠打扫卫生，将宗祠墙壁清洗一新。午后，陆续有人携礼盒、三牲、爆竹、元宝香烛等祭品前往宗祠拜祭进香。每到大年三十午后，宗祠香火缭绕不断，爆竹声不绝于耳，一直延续到黄昏。

贴春联、"福"字、年画：春联也叫对联、门对、春贴、对子、桃符等。除夕当天在门厅贴对联，家庭用具上贴红纸，叫作"封岁""上红"。每逢春节，无论城市还是农村，家家户户都要精选用红纸写的对联贴于大门、后门、厨房和房间门上，为节日增加喜庆气氛。这一习俗起源于宋代，在明代开始盛行，清代时春联的思想性和艺术性都有了很大的提高。春联多以工整、对偶、简洁、精巧的文字描绘时代背景，抒发美好愿望。有的请人代写，有的自己书写，现在很多是购买。

在贴春联的同时，一些人家在屋门上、墙壁上、门楣上贴上大大小小的"福"字。春节贴"福"字，是我国民间由来已久的风俗。"福"字指福气、福运，寄托人们对幸福生活的向往，对美好未来的祝愿。为了更充分地体现这种向往和祝愿，有的人干脆将"福"字倒过来贴，表示"幸福已到""福气已到"。民间还有将"福"字精描细绘做成各种图案的，如寿星、寿桃、鲤鱼跳龙门、五谷丰登、龙凤呈祥等。在大门门板上张贴门神或"大吉""开门大吉，万事如意"等字，大厅和卧室、客房均贴上新年画，厨房、牛栏、猪圈、鸡栅、厕所等处也要贴上用红纸写有"财

丁两旺""六畜兴旺"等红纸"桃符",衬托一派喜气洋洋的欢乐景象。有的家庭还有贴窗花的做法。

洗热水澡：有些地方是洗柚叶澡。除夕当天午后家家户户烧好开水，全家每人都洗热水澡,洗掉污秽、"穷气"、"衰气",干干净净进入新的一年。洗过热水澡后换上新衣、新帽、新袜、新鞋,从头到脚焕然一新,因此,洗热水澡含有除旧布新之意。换下的脏衣服当天要洗涤干净。

吃团圆饭（除夕）："过年"也叫"食年酒",就是年三十晚上合家团聚饮酒。除夕的团圆饭是最为隆重的家宴,规矩也多。一是分居后的儿子除夕回到父母身边共吃"团圆饭"。二是排座次。年长者、老者坐上座,然后按辈分往下排。同时,上座空几个位置,放上碗筷,以示请祖先一起回来过年。三是敬祖、敬神。开饭前,先斟上一杯酒,双手敬奉到祖先牌位前和有天空的地方,如天井或大门口,虔诚邀请祖先和各路神灵来家过年,并将酒洒地,然后才可以开始吃饭。四是所有制作好的新年菜肴,每样都端一碗上桌,菜肴多的启用大圆桌,表示丰盛。五是敬老爱幼。每家都有留好鸡腿,如果有两个以上小孩,翅膀也要留下,席间,给每个老人小孩一个鸡腿。六是开戒。平时家长不准小孩饮酒,除夕团圆饭小孩可适量饮酒。七是禁忌。男女老少不能说不吉利的话。有的人担心小孩无法遵守,事先在餐厅墙上贴上写有"孩童之言,百无禁忌"字样的红纸条。不准跌碗、跌筷,如不慎跌了碗筷,边收拾边念："大吉大利"。如打破了碗要将破碗用红纸包好放在不显眼的高处。吃饭时,小辈要给长辈敬菜敬酒,并祝老人福禄寿全。合家老少彬彬有礼,说话和气、亲切,充满团结、祥和、敬老爱幼的气氛。

发压岁钱：压岁钱又叫"利是"。长辈用红纸做成红包,将新纸币装进红纸袋内给每一个小孩发放,叫"压岁钱"。"岁"与"祟"谐音,发压岁钱可以压住邪祟,晚辈得到压岁钱就可以平平安安度过一年。小孩可以自己支配压岁钱,父母不加干涉,这是小孩最为高兴的时刻之一。

有经济收入的晚辈也给长辈送"利是"。

清洗餐具：按祖训，大年初一吃素不吃荤，早餐吃米茶（个别地方早餐吃炖公鸡），除夕家宴后全部餐具一律彻底清洗，不能有半点荤腥，否则就是对先祖不恭。一切荤腥都集中一处存放并用纸条贴上封存，叫"封岁"。这样做客观上对肠胃有好处。

守岁：也叫"点岁火"。吃罢团圆饭，大厅、厨房、各个有人住的房间都点上灯盏，有食用油的，也有煤油灯，整座房屋通宵灯火通明，长辈们将红包放在供桌上或灯盏下，称"压岁"。"一夜连双岁，五更分二天。""岁火"从除夕晚点亮到初二早上才能熄灭。除夕之夜，点亮"岁火"后，家人欢聚一堂品尝香茶、水果、瓜子、花生、糖果等，长辈给晚辈讲家史、族史，总结一年的得与失，规划新年的打算，教育晚辈要牢记祖训，继承祖德，勤俭持家，团结和睦。讲完家史、族史后，有的敲锣打鼓，有的放烟花，一律不能早睡，谓之"守岁"。一般等到午夜时分，开大门、放鞭炮迎新岁后才入睡，小孩可以例外。有的人索性闹到天亮。通宵守夜，象征着把一切邪瘟病疫照跑驱走，期待着新的一年吉祥如意。年长者守岁为"辞旧岁"，有珍爱光阴的意思；年轻人守岁，是为延长父母寿命。

过年阶段。大年初一至初五，主要是开大门和拜年。

开大门：正月初一凌晨，一般为子时，为送旧迎新时刻。吉时到了，家家户户在厅堂摆上冰糖、橘子、苹果等三种素果，意示来年甜美、吉利、平安，打开大门，焚香礼拜，大放鞭炮，迎接新年。这时每个角落都可以听到震耳欲聋的鞭炮声，真是万炮齐鸣，此起彼落，十分热闹。一般由长辈打开大门，大声吆喝："开门大吉，万事如意；脚踏四方，方方得利。"开大门后，士农工商分别从各自的利益出发，按"通书"指明，择吉利方向，以示"出天方"迎喜神、贵神、财神等各路神灵。一家之长还要看看全家人的"流年"，看看"流年"中有没有注明谁要注意些什么事，比如车

舟高楼的危险，要不要送五鬼、贴太岁菩萨等等。

拜年：正月初一开始就要拜年了。

大年初一：这一天是岁之朝（Zhāo）、月之朝、日之朝，民间称为"三朝"。这天是不能干活的。相传这天如果干活的话，表示一年都很劳碌，没有清闲日子过。这天禁忌也多：除了不能说不吉利的话外，还不能换衣服，不能扫地板倒垃圾，不能下河挑水，不能放牛、放猪、放鸡鸭，不能打骂小孩，不能动土搞建筑，不能打破家什。有一件不顺心的事发生就会挂记一整年，所以年初一处处要特别小心在意。相互见面切忌问病讨债，否则不但讨没趣还会引发纠纷。这天，早、中、晚三餐都是素食。素菜有腐竹、粉丝、金叶（黄花菜）、木耳、豆腐皮、香菇、芹菜、蒜、葱等，虽然无鸡、鸭、鱼等肉类，但也很丰盛。这天，不论男女老少都早早起床。相传此日不早起床，就意味着一年的身体会不好。起床后刷牙洗脸，女的下厨房准备早餐，事实上饭和素菜隔晚已经做好了，再热一次就是。早上用芹菜、蒜、葱、萝卜丝等煮米茶（糊）吃，祝愿一家人吃了芹菜更"勤快"，吃葱能"聪明"，吃蒜会"划算"。男的端着素盒盛满糖果、年糕及元宝、香烛等到祖祠拜祭，祠堂祭台上摆满了各式各样的素食供品，老少行礼，礼毕回家吃早餐。早餐后，父母带上小孩和橘饼等"果子"到长辈家中拜年，祝长辈长命百岁、添福添寿、新年快乐。长辈给小孩一些糖果还礼，有的还包"挂颈"（即红包，过去以红绳穿铜钱挂在小孩颈上，叫"挂颈"，现仍沿用旧名）。小孩们穿着新衣，欢乐嬉戏，有的争着向年长者拜年："公公叔叔家发财，糖子饼果拿给涯（我）。"那些辈分高、年岁大的老者，几乎整天都有晚辈登门拜年，应接不暇，虽累点但也乐意和欣慰。主人备好茶果招待客人，还要留客人吃拜年酒，丰简随便。拜年期间，经常是早晨吃到晚上，吃遍多家菜，尝遍多家酒，醉意蒙眬回到家里头。

大年初二：又叫"团年"，走亲戚拜年，是日开始吃荤。这一天是已

出嫁女儿回娘家的日子,也是新婚女婿"上门"(女婿第一次到岳家拜年,叫"上门")的日子。路上人群来来往往,妇女们手提鸡翅、橘饼(或冰糖)、鞭炮、香烛和其他孝敬长辈的物品,到娘家与父母兄弟姐妹欢聚。有的与丈夫、孩子同行,有的独自一人前往,有的当天来回,有的小住几日。有的岳家的兄弟叔伯轮流请吃,有的几家人的酒菜端在一起,热热闹闹,其乐融融,不醉不显示热情。

大年初三:早上吃"岁饭",有的是除夕前一天蒸好的,有的是正月初二晚上蒸好的,饭上插上筷子,家中有几个人就插几双,再插上一根带叶树枝,有的还有橘、柚等水果。吃岁饭前先把饭摆在"当天"(就是朝向天空)的神位上,供奉天神和祖先。岁饭有鸡有肉,与大年三十吃团圆饭差不多。这天不能杀生,鸡在初二杀好或过年时留下。初三又叫"穷鬼日"。一早起床,全家齐动手大扫除,俗称"扫穷鬼",扫得越干净越好,地上有一点点纸屑之类东西没扫净就会被视为"穷鬼"。打扫时口中还要念念有词:"穷鬼出、富贵入。"垃圾集中送到远离家门的野外河边、路边烧掉并放鞭炮,表示已将"穷鬼"赶走。年初三扫地虽含有一些迷信色彩,但也合乎卫生要求。年初一、初二均不能扫地,垃圾堆积多了,来一次大清理也是应该的。因这一天是"穷鬼日",全家老少不去串门,不慎进了别家的大门,会被他人视为"穷鬼",不受欢迎。如有特殊情况非登门不可,就将主人叫出门外叙谈,现在这种认识改变了。

大年初四:妇女开始携带猪肉、年糕之类礼品回娘家、走亲戚,大家结伴同行,一路说说笑笑。男人开始开展文体活动,又叫"闹新年""搞新年"。民间传统文艺节目有"舞狮""舞龙""打马灯"。

大年初五:出年假。这天是灶君下凡"回家"的日子。长汀人认为灶君是十二月二十四上天,正月初五下凡"回家"。因此家家户户在头天晚上准备好丰盛的牲醴,天刚亮便烧香照烛,燃放鞭炮,迎接灶君归位。厅堂的祖宗神像可以收起,外出务工干活的可以启程了。

正月初五是财神下凡的圣日、吉日，大小店铺大年三十关门后，选这天清早开市，必能日日招财进宝。"开市"，又称"开工"，店东备好未煮鲤鱼一条，鱼身用红纸包裹；熟鸡一只，头向上、脚藏于腹内、肠脏负于背上及口含红枣；熟猪脯肉一块或烧猪肉一大块或乳猪一只，加少许猪猁及猪横猁；客家煎堆及红包各五个、松糕一个，上贴有钱红封包；各类生果任选五个；红枣年糕一盘；用红纸包裹的客家芥菜或生菜连根两株；九成满客家米酒三杯，祭土地财神五杯；七成满清茶三杯，祭地主财神五杯；筷子三双，祭地主财神五双；招福钱币、神祈衣宝各一份。另外，在财神像和土地神牌前，还要各插上数枝鲜花，以"香花娱神"邀请财神、土地的到来。天一亮，将店铺内外的灯全部点亮、打开，在店铺门前摆设香案，吉时一到，便在香案上插一炷长寿香，祈求新的一年事事顺境，生意兴隆。要请伙计、店员吃饭，叫请开工酒。现在多数是发红包。

立春，也叫"交春"，二十四节气之首。届时，备香案烧香照烛，放鞭炮，贴上"迎春接福""春临福至""春福满堂"等红笺，名为"接春"。民间认为立春这一天的天气可预兆当年的事物和气候，有"交春晴，事事平""交春落雨到清明"的谚语。"交春"多数在正月初三前后，有时也在除夕前几天。如果"交春"在除夕前，新年整年没有立春节气，就是"瞎目年"，过去有不利于结婚、孩子破学的说法，今天没有了。

从除夕到初五，天天早、晚要焚香照烛，燃放鞭炮。从初五开始，可以进行零星的农事活动，开店经商的开市营业，乡村墟市买卖也开始热闹起来。

余兴阶段。大年初六至元宵节。

这段时间，外出做工、经商、农活相继开始，新的一年忙碌开始了。拜年还没有结束的继续拜年、喝酒，做到年活、农活两不误。当然，这并不意味着"过年"结束，而是不断将过年活动推向高潮，到正月十五

闹元宵，踩船灯、舞龙灯、舞狮灯、踩高跷、迎花灯、打花鼓、演戏、吊傀儡等新春游乐活动达到高潮。

元宵节，又叫"正月半"，一年中第一个节日，家家户户筹办菜肴，喝酒过年。元宵节吃"元宵"，"元宵"用糯米粉、红糖、花生米、芝麻等做成，意在祝福一家团圆和睦。同时预示年已过了，此后要各奔前程，预祝在新的一年创出更好业绩。民间举办各种灯会"闹元宵"，玩灯、赏灯好不热闹。迎花灯以涂坊、南山、河田、三洲等乡（镇）尤为有名，还有一种灯名叫"玻璃子灯"，由数十盏到上百盏灯组成一个大花灯，颇具特色。

春节到元宵期间，各地还有一些游乐活动。

踩船灯：灯状似船，在陆地表演游唱。春节前排练，锣鼓队、奏十番配合，在村中开阔地带表演，唱"十月怀胎""十二月古人""瓜子仁""一枝花"等曲调，晚上在祠堂"开天官"，唱"天官赐福"等。

舞狮灯：一个狮头，一个狮尾，一个孙猴子，一个沙和尚，还有锣鼓队。狮、猴、沙和尚演唱完后，进行武术表演，打拳、舞刀、耍棍、跳桌。狮队过年前就请师傅教练好武术。

烧烟火：这是最壮观的活动之一。男女老少吃过元宵后，都纷纷涌进晒谷坪，里三层外三层，人山人海，有些远离村落的外村人也来观看。烟火，属烟花的一种，但制作比较复杂，也比较昂贵，年前就在烟花厂定做好，一层一层叠在一起。入夜以后，村中的活跃分子早早把烟火架好，等待吃完灯酒的长者前来拉绳点火。吃过灯酒的长辈来到烟火场时，场上早已挤满了人，人头攒动，人声鼎沸。长者不慌不忙把绳索系在烟火上面，拉动绳子点着烟火，只见引线"吱吱"作响，长者来回抖动绳子，烟火也跟着晃动起来，不久便发出"轰"的一声，一层烟火塌下来，立刻出现"孙悟空三打白骨精"的画面。孙悟空身穿黄衣青裤，舞着闪闪发亮的金箍棒直逼扭着腰肢的"白骨精"。接着第二层也掉了下来，那

是"五鼠闹东京",锦毛鼠白玉堂和南侠展昭大动干戈,打得难解难分。不久第三层又掉了下来,那是"嫦娥奔月"。嫦娥身上彩带随风飘扬,时隐时现,十分动人。第四层是"天女散花",霎时火花耀眼,束束焰火从"仙女"手中撒下,满天彩花飘扬。每层烟火都有一个故事,有人物,有动作,栩栩如生,让观众目不暇接。烟火过后,小孩争相进场拾捡掉在地上的各种各样造型奇特的纸人纸马之类东西做玩具。

其他节日习俗

惊蛰　惊蛰这天,家家户户炒豆子、炒麦子或煮带毛的芋子,在橱脚、桌脚、柱脚、墙脚、大门两边角等处撒上生石灰,叫"炒虫炒豸""溺虫溺豸"。惊蛰是冬眠昆虫开始复苏的时节,客家人主张早期灭虫,在边角处放置生石灰,用生石灰遇水产生高温的办法杀灭昆虫,保护人的健康。

春分　春分时节扫墓祭祖,叫"春祭""祭春分"。扫墓前在祠堂举行隆重的祭祖仪式,杀猪、宰羊,请鼓手吹奏,由礼生念祭文,带引行三献礼。春分扫墓开始后,先扫祭开基祖和远祖坟墓,全族和全村都要出动,规模很大,队伍往往达几百人甚至上千人。开基祖和远祖墓扫完之后,分房祭扫各房祖先坟墓,最后各家祭扫自家的私墓。大部分客家地区春季祭祖扫墓都从春分或更早一些时候开始,最迟清明节期间完成。清明以后墓门会关闭,祖先英灵受用不到后人供奉的祭品。

春社　在农村长期有社日祭祀土地神、五谷神的风俗。立春后的第五个戊日是春社,客家人装扮成各种故事人物,锣鼓喧天,迎神游行,祈求年成丰收,但祭春社的习俗并不普遍。

清明　又名思亲节,各家祭扫祖坟表达思念祖先之情。祭祀活动非常讲究。外出工作、经商、务工的人或者旅居海外者在这期间多回乡祭扫。死者死亡不满一年的要采艾叶做饧,俗称"踏青"。所以,有在清明节做

艾饼吃的习惯。

端午节 又称五月节，是一年中"五、八、腊"三大节日之一。过节沿袭了中原习俗用竹叶包粽子、吃雄黄酒、赛龙舟，各家门楣上挂葛藤、菖蒲、艾条，在五月初五这天，男女老少都用"药把水"洗浴，"药把水"是用山上能入药的野菖蒲等草木煎制而成，既可保护皮肤又可避邪。

入伏 在入伏这天家家熬"仙人冻"吃。习俗认为，吃了"仙人冻"好度炎热的三伏天。"仙人冻"以仙草为主，配以淀粉熬成。

食新 "六月食新"就是尝新米。日子一般选小暑过后的卯日。在乡间，割下稻谷碾成新米，做好饭供祀五谷大神和祖先，然后人人同吃尝新酒。城市一般买少量新米与老米同煮，加上新上市的蔬菜等。供品有苦瓜、丝瓜、茄子，苦瓜保佑大家，丝瓜保佑全家老少，茄子保佑老婆。

中元节 俗称"七月节"或"七月半""鬼节"。农历七月十五日是中元节，长汀的中元节是七月十四日。相传宋朝末年，客家人正准备过节，元兵突然入侵，因此改为提前一天祭祀祖先，以避兵扰。七月十四日祭祀祖先，七月十五日祭祀"野鬼"，十五晚上各家各户在自家的房前屋后点上香火以驱赶野鬼。十四吃荤，十五吃素。有蒸糕点"结缘""接太公太婆""烧包""烧夜香"等旧俗。在五能通街到南门社区一带原有上刀梯的风俗，现在没有了。中元节有迷信色彩，也有尊敬祖先的程序，要买些纸箱，将衣服、鞋袜、房子等物品放入纸箱，贴上封条，上书："虔备金银衣箱（包）几个呈上，××世显祖考×××太公（妣×氏太婆）共收用，长条谨封，××××年××月××日阳上××××××××（烧寄人地址及姓名）具"，烧寄给祖先。现在有的人卖纸做的轿车、别墅、美元等烧寄。

中秋节 又称八月节。吃月饼、赏月等风俗和中原习俗大致相同。长汀月饼别具特色，不仅形圆似月，且洁白如月，叫"月华饼"。用纯白

糯米粉和白糖配制而成，味甜香清，饼面上印有桂花、圆月等图案。有守"月华"的习俗。民间认为守到"月华"天门大开，月亮大放奇光异彩，月光菩萨降临，看见者求福得福，求财得财，因此有人在月光下守"月华"至深夜。中秋之夜，民间尚有几种与月有关的习俗，其中"伏花、啄月姑、跳担杆、旋水碗"最为普遍。

重阳节　"九九"重阳，是年度大节，有"过了重阳无大节"的说法，外出的人也赶回家过节。农村比较隆重，有的做米冻、打糍粑、杀鸡鸭等宴请亲友，城市则比较简单。这一天有登高、饮菊花酒的习俗，所谓"九九登高"。有些还带小孩登高爬山，在高山上放风筝避邪、避瘟疫。很多老人都说此俗系祖先从北方中原带来，代代相传至今。有些老人和妇女则到山上庵庙烧香拜佛。

九月十四　原为长汀城区迎伏虎祖师的庙会，现在已成为闽粤赣三省十多县的物资交流会期。

十月半　下元节，又叫完冬节。打糍粑、米果、芋子包、豆腐之类食品"做完冬"，有些地方有打醮祀神演戏之俗。十月半是长汀铁长乡的重大节日，铁长乡没有墟天，仅十月半最为热闹。

冬至　冬至本是农事节气，又称"冬年"。客家人历来有冬至进补的习俗，或猪爪炖当归、五加皮、党参之类，或公鸡炖补药，年老体弱者服人参、鹿茸，爱吃狗肉者烹狗加餐，所谓"同年同年烹狗过年"。客家米酒向来在冬至日添水，冬至添水的酒色、香、味俱佳，而且保质时间较长。

婚嫁习俗

"男大当婚，女大当嫁"，这是"金科玉律"。但是在时代的变迁和外来文化的冲击渗透下，上祖遗传下来的民俗族规和婚姻习俗已经发生了

很大的变化。

婚姻观念

在五次大迁移中逐步形成的客家先民，旧时的婚姻观念和风俗习惯受中原影响很浓，仍以"传宗接代"为主要目的。在封建社会男婚女嫁"明媒正娶"才不会被乡人笑话。"父母之命，媒妁之言"对儿女婚姻起主宰作用，男方要向女方求婚，女方嫁入男家成婚。与其他民系相比，客家人受生存需要的影响，宗族兴盛和传宗接代的观念特别强，希望多添男丁，家大业大。如果膝下无儿子，也以女招郎入赘的办法延续香火。注重岁数相当吉年吉日成婚。有"男大（女）三（岁）抱金砖"，"女大（男）一（岁）惨凄凄"等俗谚，很重视定亲时必不可少的"问庚"程序，把男女双方出生年月日乃至时辰告诉对方，然后测定属相（生肖）、五行是否相配，如这两项不犯忌便大体可择吉日成婚。从现代科学的角度来看，"问庚"是没有道理的，但从年龄差异引发的心理状况、生活经验等差异对婚姻的影响来看也有一定的道理；另一方面从人的心理承受能力来说，年庚如能相合则能让人免除不少顾虑，预示日后幸福有良好开端。客家有"同姓皆亲人兄弟"之说，同姓不准结婚，有的甚至同村不同姓都不能结婚，与仇家更不能通婚。客家人按姓氏族居，这种不能通婚的习俗，对婴幼儿健康成长是有利的。在结婚仪式上讲究排场，嫁妆要竭尽丰厚，反映长汀女子受父母重视程度较高，在社会地位上尽管有重男轻女的成见，但相对于其他民系男女关系还是比较平等的。婚姻观念上"嫁鸡随鸡，嫁狗随狗，嫁给狐狸满山走"的清规，告诫女人要从一而终，从"男怕入错行，女怕嫁错郎"的说法中也可以得到印证。

结婚方式

采取"嫁娶婚"的方式，就是男娶女嫁，其他方式不盛行。"嫁娶婚"带有抢亲风俗，是夜间嫁娶。深夜出门至天色微明入门有"暗里投光"之意，

寓意新娘子到了新郎家里以后日子越过越好。客家先民来到长汀后，与当地闽越族、畲族等错居杂处，考虑到安全因素，把当地的抢亲方式借用过来，融入中原的礼仪、理念，使嫁娶婚走向文明。当然，夜间嫁娶也不易遇到出殡等不吉利事项。

婚姻过程

婚俗习惯繁简情况尽管不尽相同，但一般都经过"十二个环节"：讲亲（说媒、看妹子、探人家、写庚帖）、札定（送定、编红单）、拣日子和报日子、斗床和搬嫁妆、祭祀、接亲和送亲、拜堂和吃面碗鸡、婚宴（喜酒）、闹洞房、请三朝、做满月、上门。

讲亲。过去一般在男孩长大到十六岁以后，父母便托人做媒，寻找适当人家的未婚女。今天按《婚姻法》规定的年龄。媒人（男的叫媒人公，女的叫媒人婆）向女方父母说明男方的家庭、品行、相貌、年龄、兄弟情况，往往会把好的情况多说，如果女方父母不同意，则婉言谢绝；如同意，便进一步去"探人家"，女方父母邀请亲房叔伯到男方家里了解核实情况，一般一桌人，男方设宴款待并赠送礼品；双方如同意便相互告知对方的生辰八字，各自请算命先生"合八字"，不会相冲相克，就写出庚贴（俗名婚单），置放各自家中香案上。家中三天内无不祥之兆，家人没有出现生病、打破器皿、被利器割破手脚而流血的情况，饲养的家畜没有生病或死亡，认为这门亲事"合"，亲事就确定了；否则认为不吉，多会中止说亲。由此可以看出，旧时男女青年终身大事多由父母之命、媒妁之言加上算命先生来决定，有的还受门第条件限制。

札定。也叫"编红单""送定"。说定亲事后，由女方提出女儿出嫁的条件，一般是聘金若干，猪酒鱼肉若干，橘饼、糖果若干，农村还有米豆粉面若干，按当时的经济条件越贵越显示女儿有身份、有地位。聘金的尾数喜欢用"9"，谐音"久"的吉利。男方提出要嫁妆若干，如帽、银花、衣服、鞋、袜等，新中国成立以来对家用电器的要求较多，出现"老三件"和"新三件"。无论城乡都用书面形式"写婚约"或"写合婚字"，正面写"文定厥祥"，底面写"天作之合"，由双方家长及媒人亲房签字画押，男女双方各执一份。写婚约多数经过三个来回，"好数三回填"，"讲亲讲亲多讲才会亲"。双方聘礼敲定时，由男方出钱出物女方操办，男方父母、宗亲和媒人一起到女家举行签字仪式"札定"，现代人叫"订婚"。男方送橘饼、糖果、布料或衣服、鞋袜等到女方，女方回送衣服鞋帽。此后，女子便是男家的人。在女子没有出嫁前，逢年过节，男方给女方送衣服鞋袜等礼物。

拣日子和报日子。男方请算命先生择定"斗床""出门""入门"的日子和时间，叫"拣日子"。旧时结婚的日子不能定在农历正月、五月、九月，"正五九，婚姻不长久"。将择定的日子送达女方，叫"报日子"。女方对时间进行复核，无异议后确定下来，一般在结婚日期一个月前。男方将部分聘金交给女方，以便女方置备嫁妆。

斗床和搬嫁妆。请有名望的妇女（旧时都请生过男孩、与夫和睦、无离异史的妇女，官太太或阔太太更好），接亲时男方的新人伯娓，到男家去铺架新床，叫"斗床"。"斗床"时，女方送柚子、木炭，含有生贵子和暖新房之意，俗称"探子探孙"。男方用地瓜粉做成大大的肉圆，让女方分送亲友邻居，以示与女方家的亲邻"结缘"。在床板上放一层"管"（就是稻草），示意丈夫能管住妻子。将男方和女方买的嫁妆，包括逢年过节送给女方的衣服鞋袜等从女方家里送到男方家里叫"搬嫁妆"。"搬嫁妆"时往往走村中央或大街"摆"一下，所谓招摇过市，极尽炫耀。搬嫁妆在白天，城里在新娘出嫁的前一天，农村在新娘出嫁后的第二天。嫁妆分六担或九担，送嫁妆的人叫"青娘"，每人得由男方给红包。旧时的嫁妆是箱橱凳桌，箱橱用两根新竹子扎好，由两人扛着。用竹子做杠子也是一种习俗，竹杠的竹节数目必须是双数，毛竹多节意味着四季常青"节节高"。嫁妆中必备两条甘蔗，表示双双对对、甜甜蜜蜜；脚盆尿桶和两张单椅，由内亲的童男用小臂粗的杉树挑着，杉树留下尾部的枝叶，并在根部缠上红纸条或红布条，走路时杉树的根部向前尾部向后，叫作"拖青"。"杉"在客家话中与"生"同音，杉树繁茂的枝叶寓意新娘进门后子孙满堂、家财兴旺。另外，杉树的针叶锐利，能够刺伤外来的侵犯者，客家人由此认为它可以驱邪开道。新娘的母亲在木箱的角落里放一些钱，作为女儿的"压箱钱"，钱的尾数必须是九，意为长长久久。木箱在女家时不锁上，走到半路才由送嫁妆的人锁上，意思当然是这木箱既装着娘家的祝福，又不能带走娘家的财运，两全其美。送嫁妆的队伍到达后，有专门的人在男家家门口接嫁妆。脚盆尿桶送进洞房后，男家的人往里放上花生、枣子、红蛋，随后让男方的两个男孩将果子取出来，再往盆里撒上一泡尿。这时候，男方主事人大声说道"金玉满堂""人丁兴旺"。男女双方家里都要张贴"喜联"，洞房门口也要张贴。

祭祀。接亲的当天，男方备好猪头、童子鸡、鱼及香烛，男方祭祀用品女方接一半，其余由来人带回去，叫"回篮子"。县城在当天上午由新郎送到女方家神祖牌前祭祀，农村是新郎随迎亲队伍一同到女方家，再到女方村子里的宗祠祭祀。祭祀程序由新娘家一位谙熟礼仪的长者主持，大多是堂叔，他喊什么，对方就做什么，丝毫不敢马虎。堂叔喊"诸事大吉"就供上猪头，喊"鸾凤和鸣"就供上童子鸡，喊"年年有余"就供上鱼。最有意思的是，点香烛时要用自带的火种，不能向女家借火。借女家的火可能把女家的才气、财气带到男家，经常有男家想方设法偷女家的火源，女家也防范甚严，时刻紧盯着。

接亲和送亲。接亲也叫迎亲，迎娶新娘，在深夜时分。接亲当天，女方在中午或晚上置办"嫁女酒"，亲朋好友在红包上写"充花粉"之类的贺词。桌席数量按扎定时双方约定数，有的会超过，有的会减少，请客的钱物大多由男方负担，去接亲的人要参加酒宴。嫁女酒宴上新郎官坐首席的首位，"一世人做（当）一回大"。

男方接亲人员由主事、新郎、新人伯娌、新郎的母舅、叔伯或兄弟共六位、九位或十二位组成，备有防风灯二

● 迎亲花轿

盏（灯上要扎好红花）、铜镜一面、新的红色的伞一把、红包若干，不能带钥匙、指甲剪等"铁器"。客家人客居他地，得时常准备迁移，要有伞来遮风挡雨。因此，客家有女出嫁，必须备雨伞，以示不忘祖先，身处客地，能经风雨。以伞为嫁妆，也是图个吉利。伞的古体字，是人字下还有四个人，寄意"人丁兴旺"。伞撑开是圆的，也寓意婚姻圆满、白头到老。有趣的是，客家的媒婆，来往于男家女家，尽力说合桩桩亲事，所带的必不可少的"道具"也是伞。

接亲队伍一路鞭炮，在吉时前来到女家，女家听到鞭炮声，预见接亲人员就要到来，先将大门关闭，派一男丁（多为新娘的弟弟）在大门内等候。接亲者到达大门口后燃放鞭炮告知女方家已经到了大门口，男方主事将红包塞进大门内，女方开大门的人拆开后封住退回，男方主事接住添加钱后说"添丁"，再将红包塞进，如此往返三次，女方开门迎接接亲队伍，接过火种放置在神柜上，将火拧小一盏、拧熄一盏。女方略备酒宴款待接亲者，叫"无块席"，婿郎、陪客稍微动筷，不多吃。"出门"前新娘要吃猪心炖朱砂，猪心由男家在接亲当日送到女方，以示到男家后铁定心事跟丈夫过一辈子；要洗澡，换上崭新的白色内衣、红色衣裤鞋袜，由媒人和喜娘帮助梳妆打扮；新娘的母亲或喜娘要交代新娘如何做好老婆的一些话；要把男方带来的铜镜挂

在胸前，镜面朝外，在"回家"的路上可以驱走各种邪恶；要带着一个包裹，里面有花生、红枣、桂圆，新娘在路上要把花生、桂圆按响，越响越好，"响的"就是生儿子。

时辰一到，接亲者先到大门口等候，将拧熄的灯点亮。"出门"时，新娘的父母要回避，新娘由女方的新人伯娌和送亲的人陪同来到大门口，并由新人伯娌撑着红伞罩着新娘，送亲的人由新人伯娌和新娘的兄弟、亲友组成，人数也要双数，接亲者和送亲者，包括新郎新娘人数要双数，不能为"五种姓氏"，所谓"五姓绝人"（没有后代）。新娘到大门口时，由新郎和男方的新人伯娌，叫"牵新人"的人去迎接，并由男方的新人伯娌用红伞罩着新娘，新郎或背或牵引新娘，农村有的还要给新娘红包才肯出门。当新娘跨出娘家大门后，绝对不能回头看。出嫁时还要"哭嫁"，认为"不哭不发，越哭越发"，"新人不哭，娘家没福"。当新娘在上轿前或被新郎牵着的时候痛哭流涕，用哀怨凄婉的山歌，感激父母的养育之恩，惭愧自己无以为报，表白对新夫家的种种担忧，可怜自己不是男儿身。那带哭的歌声，几乎字字是血，石头听了都会流泪，要不是三姑六婆劝导恐怕送嫁的队伍难成行。曾经有姑娘在出嫁时哭不出来，急得娘家人团团转，一些新娘最亲近的人会用力揪她的大腿，疼得她不能不哭。

新郎接到新娘走几步路后，要返回新娘家里三次，大声邀请新娘家里人第二天早些时间到新郎家里"做大客"，叫"三请"，第二天新郎还要到岳家去请，叫"四催"。回的路线不能与去的路线相同，至少要有一段不相同，这叫不走回头路。在路上要放鞭炮，如果遇到其他的接亲队伍，前面掌灯的人要以最快的速度抢先把对方灯上的红花抢到手。有的地方过桥时还要给新娘红包，或者由新郎背新娘过去。

到男家后，如果"入门"的时间还没有到，"新人"要在大门口等候，有的可以从后门或小门进入室内，但不能进入大厅。入门时，鼓炮相迎，男方的父母也应回避，以免"相撞"，造成日后婆媳不和。在新娘跨进大门门槛时，由厨子快速杀一只鸡，将鸡血洒入事先摆在门槛外的六个碗内，新娘跨过后迅速将碗反扣到地上，叫"割拦门鸡"。新娘跨进门槛后，要跨过火红的木炭炉，以示"兴旺"；要踏进事先准备好的米筛，用"过米筛"的方式把穷气、恶气、衰气、懒气全部筛掉，到男家意气风发干大事，直至厅堂。

新娘忌撞见"四眼妇娘"（孕妇），孕妇撞见迎亲队伍时要主动回避，也不宜参加他人的婚礼。

拜堂和吃面碗鸡。拜堂仪式各地差不多，但长汀拜堂时不见男方的父母，到第二天早上起床后再见，拜堂时由新郎向父母报告"爸妈，儿子把媳妇接回家了"，连叫三次，父母亲都不能应答，否则会造成日后不和。迎亲队伍到达后，还要让陪嫁的男童"压床"，就是在新婚床上滚一滚，祝福新娘来年生男孩。拜堂后新郎新娘同入洞房，专心等待吃面碗鸡。鸡是新娘入门时的"拦门鸡"，马上杀，马上煮，并下面条和两个鸡蛋，新郎新娘共同进餐，共饮交杯酒。送亲的人安排吃个点心后各自休息或回去。新床上摆放的东西也有讲究，一般是四个柚子，上贴喜字，意示"柚子""有子"。

婚宴（喜酒）。亲朋好友在红包上写"百年好合""百头偕老"等。婚宴设在厅堂，一家不够多家摆，现在多在酒店。桌位分尊卑，左上为首席，右为次；宾客按尊卑、远近、长幼入席；外戚尊，本族卑，外戚中以新郎、新娘的母舅为上。女方来到男方的客人叫"大客"，是上宾，女方的父母不能去做"大客"，人数有九人或十二人，必须安排在男方自己家里的首席，他们没到不能开宴。"大客"到时燃放鞭炮热烈欢迎，摆上热水毛巾洗手洗脸，敬茶敬烟，有时女方的长者认为男方有些事没做好便以不来或迟来相要挟。喜酒的中心是"大客"。新郎要在主桌执壶，男方的主事往往会安排一些懂礼节、能喝酒的人到主桌轮番敬酒，双方依次往返展开斗酒，直到"大客"们尽兴而去，且以喝醉多少为热情的

103

尺度。席间，男方主事带领新郎新娘、新郎的父母去敬酒，感谢客人，带上一个会喝酒的人帮新郎新娘替酒；如果客人带了小孩，小孩一般只坐在大人的旁边，不占席位，主人会给小孩一些食品或钱，叫"挂颈"；如果宾客不小心打破了碗，主人会很小心地把碎片一一拾起，用红纸包好放到厨房，不责备就算宽容了。做喜酒还要多备些食物，除桌席上食用外，要让客人带些东西回家与家人共同分享；送些给左邻右舍以示友好。在农村，娶亲可以不请客，但嫁女一定要请客，男方送了大量的鸡酒鱼肉给女方，不请客会被人责怪。

闹洞房。喜酒结束的当天晚上，一些新郎的亲友进新房与新郎新娘逗乐。在进门时会设置一些障碍，如"猜拳"（行酒令），先后过三到五人才能进去，如果没过要喝酒。闹洞房时讲些好话、做些有益的事，直到午夜方休。"月光光，看新娘，新娘肚子圆丁当；今朝下种子，九方十月生出贵子满天香"。结婚闹洞房时，禁忌打破茶杯等器皿，认为器皿打破象征家庭不完整，新人不顺，是个坏兆头。现在闹洞房的形式、花样很多，但都比较文明。

请三朝。新娘出嫁的第三天，娘家设宴请女儿女婿，女儿首次以客人身份回娘家，可坐首席，宴后当众脱去红色衣衫，改穿普通衣裳。这天无论远近都不能在娘家住宿，必须回夫家。女儿女婿回娘家，不能安排他们同住一个房间，这会给娘家带来不好的运气；女儿不能在娘家过年过节。现代社会人性化多了，两家的年节都可以过。

做满月。婚后一个月左右,新娘娘家人会送来小鸡、蔬菜、种子、谷子、豆子等东西给女儿送满月，示意五谷丰登，财丁兴旺。男家要准备宴席，约定时间请岳家人喝"满月酒"。

上门。结婚后第一个春节的大年初二，女儿女婿第一次到岳家拜年就是"上门"。这次拜年比较隆重,女儿女婿备好拜年礼物,如橘饼、糖果、鸡腿等，算好岳家亲房叔伯有几家，一家都不能少。女婿要烧香、照烛、放鞭炮，岳父的亲房叔伯每一家都要请第一次上门的新客人，尽量让新女婿喝醉。

其他婚姻方式

童养媳。旧时，小女孩大者七八岁、小的刚出生不久就被抢到男方家里抚养。男家为的是给儿子"娶妻"便利；女家则因经济拮据或因孩子多养不起；也有因算命先生测算其命里"注定"要送人……因而"两家情愿"把女孩抢过去。做"童养媳"的女人十分可怜，有民谣说：做人小"生婢"真作恶，三餐食饭不上桌；常常吃硬饭，配的都是菜碗脚；饥荒四五月饿肚皮，寒冬腊月打赤脚；有时家娘火爬起，打个巴掌还要加"五个凿"！

等郎妹。旧时，有的人久婚不育或因生女不生男，因而想要个男孩降生，便托人"拣"个小妹子来，名曰"等郎妹"，其身份和地位比童养媳稍好一些。可是即使有男孩降生，往往在"等郎妹"十七八岁时，男孩还很小，做公公婆婆的生怕等郎"媳妇"出走，逼着与小其多岁的孩儿"成婚"。尽管女方不愿意，又羞于启齿，经常以泪洗面，很是怨恨：十八满姑配个少儿郎，朝朝夜夜抱上床；弄得她的火爬起，一脚踹死他去见阎罗王……

入赘婚。男到女家。旧时大多是已婚妇女中年丧夫，经女方亲房叔伯认可，邀请单身汉去女方家维系生活和传宗接代。大部分入赘妇家的男方都能信守女方家的规矩，不会被歧视。有的因家中没有男孩，将亲生女儿招男人到家里传宗接代，俗称"撑门棍"。

合同婚。在同一个自然村或行政村，女方多属童养媳或等郎妹，与同村的男子订立婚约关系"打合同"。打合同的主要条件是婚后孩子的姓氏划分和生养死葬问题。有的说定哪几个孩子随父姓、哪几个孩子随母姓，有的说定两家平分，男方对女方父母负责生养死葬义务。结婚仪式也较简单，女方家长请本族亲房和男方家长商议签署合同即可完婚，男方不出聘金，女方也无所谓嫁妆，男方可继承女方父母的财产。

租借婚。旧时，由于男女分布不均，有的家庭男丁兴旺，有的接连生女孩。为防止"断烟火"，女家主动要求男家为其"接香火"。因此便有男的白天在自己家里生活，晚上去女家过夜，直到女家生了男丁以后才回到自己家里另娶妻室；也有男的本有妻室，为应女家要求，夜晚去女家"打猎"，女家给男方适当的经济补偿。此俗已不见了。

换婚。有的人家男多女少；有的是女多男少，便有了互相交换的前提条件。一般是"一个换一个"，互不吃亏。年龄差异太大，则以金钱补偿。此俗大多由父母撮合，婚姻基础不牢，大部分婚后生活不和谐、闹分裂；也有白头到老、恩恩爱爱的。直到现在一些偏僻地区仍然存在这一现象。

再婚。寡妇再嫁，出亲、迎亲均忌从大门出入，傍晚时偷偷溜出村庄，不能路经自己原家后龙山，也不可回头看原来自己的家，以免不吉利。

生育习俗

生育观念

旧时生个男孩在客家人心目中几乎被视为至高无上的大事，男性被视为维系祖宗香火、壮大家族势力的标志，传宗接代不仅是夫妻之间的事，也是整个家族的事，是尊祖敬宗的重要表现。这种愿望比于其他族群来得更加强烈。长汀有首民谣："财也是宝，子也是宝，财子双全家更好，这般事难计较，算来都是天公造，有财无子富何归，有子无财贫莫恼，生也有靠死也有靠。"所谓"有儿穷不久，无子富不长"。

客家人从中原迁到蛮荒汀州，最大的挑战是如何生存，因而男丁越多，劳动力越强，势力就越大，越有可能在乡村里获得生存发展的优势。

客家人在不断的辗转迁徙中，怀乡思祖的情绪代代相传并不断得到强化，祖先崇拜的观念非常强烈，他们害怕子孙断绝，对无后的威胁深怀恐惧，认为无儿子的夫妇在死后将成为无人祭祀的孤魂野鬼。如果没有后人持续不断的祭祀，即便做了神明或者祖先，也可能再次返回鬼魂世界。因此，人们在婚后最关心的就是尽早生儿育女，以继子嗣。对已婚妇女而言，如果久未怀孕或未能生育男孩，会受到整个家庭，甚至整个家族的歧视，重则被遗弃，承受着巨大的心理压力。

面对这种精神压力，他们想出了对没有儿子的人采取人为补救的措施。为没有儿子的兄弟"过继"子嗣，从侄儿或外甥中选择一个男孩落户到他的名下，作为他的养子来延续香火。为没有成家的死者举行"冥婚"保障香火的延续。

今天，随着新型婚育文化的普及，客家民系中生儿育女的观念有了较大的转变，独生子女家庭正在不断增多，"生男生女都一样，女儿也是传后人"的观念正在普及。女子也可以写进族谱、刻上墓碑。儿女出生以后也做满月酒，分送红蛋，设宴款待亲友。

祈子习俗

旧时，受科学技术的影响，人们认为生育之事"都是天公造"，都是女子的事，人们希望通过生殖崇拜，或是通过神灵中介，生育养育儿子，因此产生了各种各样的祈子方式。

生殖崇拜。性崇拜，通过对男性的生殖器官崇拜达到生儿子的目的。在长汀县近郊的朝斗岩大雄宝殿后有一洞穴，洞中供奉"吉祥哥"，这是一尊男童裸体石雕像，又称为吉祥菩萨。许多母亲带着久婚不孕的女儿，或婆婆带着不育的儿媳妇到此烧香礼拜。拜毕，母亲代女儿祈祷，念念有词："吉祥哥，吉祥哥，聪明伶俐福气多；请你勿在厅中坐，保佑涯（我）女生个靓阿哥。"边念边伸手摸"吉祥哥"的生殖器（俗称"雀雀"），刮下一些石粉末，像宝贝一样用红纸包裹，带回冲茶给女儿服。俗传喝了此茶，就会生育。经常刮摸，"雀雀"不久就没有了，僧人就用泥粘补回去。吉祥菩萨在"文革"中丢失了，前些年在通济瀑泉的庙里出现过。

定光古佛赐嗣送子。《闽杂记》记载，长汀城古时有"抢佛子"的习俗。"每年正月初七，定光寺僧以长竹二竿，悬数十小牌于杪，书伏虎佛号，无子者群奉之而行。自辰至酉，咸以长钩钩之，一坠地则纷然夺取，得者用鼓乐迎归供之，以为举子之兆。然亦有应，有不应。惟因纷夺，或至斗殴涉讼耳。咸丰癸丑，山左丁近峰知县时，禁之。"《长汀县志》记载："郡城正月初七，鄞河坊迎神于南廨寺前，将长竹二竿结伏虎佛号牌于上，嗣艰者分党纠集，候迎神毕，钩牌坠下，听各攘臂分抢，抢获者众，用鼓乐导引归家，以庆举子之兆，间有获应者。不记肇自何年，俱昔日好事之徒为之。"可见"抢佛子"成为长汀城颇为流行的定光送子习俗。

除典籍记载外，民间也有流传定光古佛赐嗣送子的故事。元代刘将孙《汀州路南安岩均庆禅寺修造记》记载：长汀郑姓农人求子，定光古佛托梦告诉他，明年将举一子，嘱预制木牌一块，佛将代为命名。农人制就木牌一块，四寸见方。不久，果然得一子。后为其命名为"郑安"。

观音送子。观音菩萨是长汀影响最广、信众最多的外来神。观音的形态也多种多样，有千手观音、送子观音等。送子观音的旁边立有手持莲花的童男童女。不少妇女婚后非常虔诚地膜拜，希望求得子嗣。有的信众怕自己的儿女夭折，为保健康和长命，每逢初一、十五必敬观音，吃斋请求观音菩萨保佑。长汀朝斗岩至今还供奉有送子观音菩萨。有的将因朝拜观音菩萨后生育的孩子取名为"观音生""观音妹""观音姑"等名字，寄托感谢或让人常呼其名，愿神灵保佑平平安安。

结婚仪式也表现出人们对"添丁"的渴望。在结婚时娘家要送灯；

迎亲队伍到达女家大门，开门时要往红包内添钱并说"添丁"；在接亲队伍离开女家时要点亮另一盏灯，客家方言中"点"和"等"同音，"灯"与"丁"谐音，点灯就是添丁的意思；妇女怀孕后叫"有哩子"，等等，所有这些都寄托着人们对生儿子的期望。从这些方面都可以看出客家人对能否生儿子的事多么重视。

生育文化

怀孕。妇女怀孕称"有喜""有身妊"，怀孕妇女称"四眼妇娘"。客家妇女怀孕后，家人很体贴，重活累活不让干，担心累坏身体；有好吃的东西让给孕妇吃，给孕妇和胎儿增加营养；身怀六甲的妇女不去他人家里做客，怕外出摔伤动了胎气；怀孕的妇女不随便抱或抚摸别人的小孩，认为会"争花"，被抱过或被摸过的小孩会哭闹不停；孕妇忌参加红白之事，若遇亲人去世，送葬戴孝时孕妇腰间不缚麻皮；孕妇睡的床不能放剪刀之类的利器，怕伤了"胎神"，认为会导致婴儿出生后缺唇、缺鼻、缺耳等。所有这些都表现出人们希望能生育一个聪明健康的男孩。

怀孕期间，要准备好红糖、姜末、鸡蛋、小母鸡、猪油、客家米酒、婴儿穿的棉质衣服等。

催生。"生"与"三"客家话同音，就是在预产期前一个月的农历初三、十三或者二十三，娘家、亲朋和邻里选择逢"三"日送一些蛋和粉干到孕妇家，孕妇家设便宴招待送礼者，祝愿孕妇顺利生产，生个大胖小子，这就是"催生"。

坐月子。产妇生产时，家人要迅速杀只老公鸡用高山茶油炒熟，放些姜片黄酒炖烂让产妇吃，以增加生产体力。产妇在小孩出生后一个月左右时间在房间静养叫"坐月子""坐月日"，产妇及小孩住的房间叫"月日间"。坐月子期间，产妇每天要吃糖姜蛋、糖姜米骨、炖小母鸡，以调理身体。长汀的水质比较冷，坐月子时要温补。将大米煮到七八成熟捞起后放入油锅里炒，或将鸡蛋煎熟后倒入红糖和姜末煮熟以滋补产妇的身体，放点客家米酒以增加奶水，保证小孩有充足的奶水吃。坐月子期间一般不给产妇青菜吃，也不给太多的肉类吃，以免小孩子肠胃不好，食用的油是猪油。坐月子期间产妇要吃十几或几十只鸡、十多斤老姜和一二十斤的糯米酒。

"坐月日"期间要非常注意避免受到风寒。"月日间"的门帘、窗帘要放下，要常用一些除风祛湿的干树枝煮沸水（如枫树叶、拔子树叶等）或树根熬过的水洗澡消毒和祛风，洗脸洗澡要用开水，头要裹罗帕，贴头风膏药，注意保暖，即使炎炎夏日也不能打扇子。产妇除照料婴儿之外，不做其他家务劳动，也尽量不出"月日间"。家庭条件较好的，小孩的尿布也不用产妇洗，如果要洗也要用烧开的水去洗。

"月日间"有"燕"，就是一种"气"，男人一般不入"燕间"，仅母亲、婆婆等服侍的人进出，其实也就是少开门、少进风，让产妇、小孩静养就是了。

小孩的胎盘，长汀话"胞衣"，用小罐装好埋藏起来。胞衣只有祖母有权处理，如果祖母不在，由父亲处理，一般将胞衣藏于自家祖居地或家里某个角落，埋藏胞衣的地点永远保密，以免动了孩子的元气。

小孩出生三天后，现在多在半个月后，亲朋好友左邻右舍开始送鸡、送蛋，多为十九个鸡蛋或一只小母鸡，向主人家表示祝贺，为产妇滋补身体。产妇家为表谢意，煮三个糖姜蛋、适量的糖姜米骨招待客人。

如此重视坐月子，不仅是为了"传宗接代"，还因为妇女是家庭的主要劳动力（在旧时农村妇女是主要从事农业生产的），保证她们过好"坐月子"关，不削弱体质，不留下病根，强壮劳力便不成问题了。有的妇女原来身体素质不好，通过坐月子可以达到调理身体、增强体质的效果。正因为如此，至今农村许多七八十岁的妇女还腰板硬朗，手脚灵便，依然可以从事主要农村劳动。有的产妇因为"坐月子"期间没有保养好，受了风寒或者干了重活，落下一身疾病。

洗三朝。刚出生的婴儿是"赤孩子"。到第三天时，请有经验的妇女替婴儿洗澡，将婴儿全身的胎垢擦洗干净，人生第一次洗澡叫"洗三朝"。同时长辈或有名望的长者给婴儿取"三朝名"（乳名），并做供菜在祖宗牌位前上供，向祖宗报喜添丁。男孩出生后大家都欢喜，长辈记时辰、排八字，求神保佑。按辈分、生辰八字给小孩取学名。

报婆婊。孩子出生十天左右，备办肉圆、红蛋、糖姜鸡、糖姜酒等送到外祖母家，向外婆报告外孙出生了，叫"报婆婊"。其实就是告诉外婆女儿做"妈妈"了。过去受通信条件限制或者路途较远，娘家要到这时才知道女儿"添丁"了。外祖母家自然非常高兴，这也是外祖母家的荣耀。外祖母家会备一件"裹衣子"（包裹孩子用的小棉袄）、婴儿的衣服鞋帽等表示祝贺，现在还有备婴儿车的，待婴儿满月时送给外孙用。

做满月。小孩出生一个月左右，家人择吉日设宴请客"做满月""做姜酒"。孩子满月时，家人做肉圆、红蛋分赠亲友邻里，与亲友邻里结缘。做满月那天，娘家挑上礼物祝贺，少则三五人，多则十余人，送上衣服、帽子、手镯等礼物表示庆贺。让孩子穿上外婆送来的穿戴，在房间丢个不大不小的石头，发出"咚"的一声，看孩子胆量如何。然后把小孩抱出"月日间"拜天地，烧纸放炮出大门，边走边喊"崖婆"（老鹰），以壮其胆，开眼见天，指望其像老鹰一样雄健，腾空飞翔。有的喊"廖婆，廖婆"。民间传说"廖婆"是孩童的保护神。在自家厅堂贴上新丁名字，挂上"添丁"灯笼，到祠堂报丁，请亲房叔伯吃姜酒。亲友吃姜酒时，在红包上写"长命百岁"或"长命富贵"等吉利话。从此，孩子开始走出房间，走向成长。

孩子满月要"开斋"或开荤，这是人生第一次吃荤，多用鲤鱼，寓意鲤鱼跳龙门。不用鸭嫲,鸭嫲会乱说话。有的由祖父或外公抱到酒席上，用一双筷子蘸煮熟的鸡、鱼、肉、豆腐、葱、米糕等，往孩子嘴唇碰一下，一边比一边说"金鸡报晓""年年有余（鱼）""有食有禄（肉）""大富大贵""聪明智慧""步步高升"，针对每样菜取谐音说好话，祝愿孩子成长为富贵之人。

百日。小孩出生一百天时略事庆贺。随着生活条件日益改善，多数父母会为孩子拍照留念。

周岁。俗称周际，就是一周岁。亲友送鞋帽、衣服、玩具给小孩，鞋子是自己制作的"软底鞋"，孩子家中置办酒席宴请亲友做"过际酒"，也叫"割尾巴"。孩子生下一周年之际，外婆做周岁粄（硬粄），"硬粄吃了脚骨更坚硬"。买鞋袜给外孙，送粄给女儿女婿的邻里。女儿女婿回送硬粄给外婆家的邻里，数量看户数多少，但双方都要凑一个九数，如六十九、九十九、一百三十九等。

周岁之际，不少人家搞"抓周"活动，把笔墨胭脂等一些日常生活用品放在盘子里，让孩子自由抓取盘内物品，抓笔墨预示着孩子将来会做文官，抓刀剪即是当武将的预兆，若抓胭脂可能成为花花公子，抓赌具可能是个败家子。

孩子开始学走路，大人在孩子后面跟着，用刀比画作割断绳子状，叫割脚索，认为这样孩子能比较快学会走路。

人们对婴儿的成长说"七坐八爬九行站立十喊爷"，孩子成长到七个月时能坐起来，八个月时会爬行，九个月能站立，十个月时会喊爸爸。

汀城庙会

"九月十四，鸭子滴滴"。九月十四，新中国成立前是长汀城区的庙会日，新中国成立后发展为闽赣边区的物资交流会举办日。

水东街就是汀江河东边的街道，与州城、县城一江之隔，是连接长汀城乡的重要区域，有汀江码头，水路交通把汀江南北的货物运送到这里集散，自古以来就是以商贸繁荣而著称。每年随着农业生产的结束，农民百姓把收获的农资拿到水东街交换生产生活用品，这里也就成了秋季收获后城乡重要的物资交流场所。早先迎奉伏虎祖师只在童坊平原山附近的几个行政村。据说，江西人偷了平原山的伏虎祖师，营背街有个木匠发现并送回了伏虎祖师，平原山"广福禅院"同意营背街迎奉灵验的伏虎祖师。依托水东街每年的秋季商品交易活动，出现了水东街、营背街九月十四迎奉伏虎祖师的庙会，使商品交易与庙会有机结合，增加了许多新的活动形式和内容，显得更加丰富多彩。

水东街、营背街早期迎奉的都是童坊平原山的伏虎祖师。后来，由于两条街争相迎奉，营背街人多势众，水东街争执不过，改为迎奉大同镇师福村白云庵的伏虎祖师。时间都是在每年的九月十四到次年的正月十三，共四个月。出现同一座城相邻两条街在同一时间迎奉来自不同庙宇的相同菩萨的庙会。传说每年九月十四伏虎祖师、定光古佛到县城这一天天一定会晴。该庙会到明朝时期进一步扩大为迎奉"三太祖师"（伏虎、定光、观音三尊菩萨）的庙会。九月十四庙会是迎奉伏虎祖师的庙会，定光古佛、观音菩萨是陪同打醮。

城内及周边乡村，包括瑞金、宁化、连城的百姓大多到水东街、营背街一带走亲戚。水东街从太平桥到水东桥分十二棚，营背街从旱桥到汽车站共分十棚，每年各由一棚主事，棚棚轮流。水东街主要由商家店铺组织，营背街主要由居住的群众组织。都有鼓乐班或"吊傀儡"（木偶戏），也曾演过楚剧、外江班。据说水东街有 169 把土铳，迎神放铳。琴弦丝竹、锣鼓喧天，十分热闹。

古代注重的是庙会，敬神的礼品有笑包、切面、粉丝、三牲（鸡猪鱼）、糕饼、水果等。蜡烛每棚为五十斤。纸行、店铺的蜡烛也有二三十斤重，真是银烛高烧，香烟缭绕。信士们对伏虎祖师虔诚膜拜，有的三跪九叩。

近代以来，迎神游街活动伴有舞龙灯、舞狮子、船灯赶庙会等活动。龙灯一般是三十节相连的长龙，乍听见鞭炮爆竹声、锣鼓声时，龙灯随着龙珠上下翻舞，宛如真龙飞凌。舞龙灯在水东街就是要把水龙抱在手心护佑船只平安行进，在营背街则升华到龙腾飞舞、风调雨顺、五谷丰登的意义。舞狮彩街后伴着锣鼓走街串大户。船灯赶庙会别具特色。绸扎旱船中有俏丽的少女，两边有两个撑船女，前头有牵纤的艄公、头戴礼帽，八字胡，来回与船中丽女瞪眼睛吹胡子，十分滑稽；后边有媒婆，手摇蒲扇，扭着腰身，走着大方步，其状逗人发笑。只见船灯随着鼓乐疾步穿梭，宛如乘风赶浪。真是："声声锣鼓踩船灯，船妹苗条舞步勤，逗得艄公胡子翘，媒婆摇扇扭腰身。"

新中国成立初期，一些传统民俗活动被认为是封建迷信而被取消，如水东街、营背街的迎奉伏虎祖师的活动也被取消，但九月十四的物资交流活动摆上了正题。为尽快恢复国民经济，保障人民生产生活，1952年，县人民政府把水东街、营背街的九月十四活动整合起来，在营背街地势比较开阔的地方召开全县物资交流大会。据说，当时农民还不知道广播喇叭，看到树枝上有一个广播箱子会说话、唱歌，感到很奇怪，很想不通。这项活动今天仍然延续，成为周边省县区物资交流的重要活动。几十年来多在南寨到桥下坝举行，2007年改在闽赣商业城，许多城市用大车运货来展销，十分拥挤，热闹极了。

古城花朝

农历二月初二是古城镇的"花朝节"，以上街、下街为活动中心。"花朝节"简称花朝，俗称"花神节""百花生日""花神生日"，是汉族人的传统节日。节日期间，人们结伴郊游赏花，称为"踏青"，姑娘们剪五色彩纸用红绳结在花树上称为"赏红"，还要到花神庙去烧香，以祈求花神降福，保佑花木茂盛。这一天，大概不会只是女人们的事了，男人们或放下手中的活，或抛开案上的书，帮着系红绳，顺便看看当下的"颜如玉"。女人们祭完花神，急忙寻找和自己相对应的花神，如正月的是柳梦梅，二月的是杨贵妃。

花朝节在农历二月，在"惊蛰"到"春分"的节气之间。此时春回大地，万物复苏，百花或含苞或吐绽或盛开，确定某日为"百花生日"十分恰当。相传武则天嗜花成癖，每到夏历二月十五，总令宫女采集百花，和米捣碎蒸制成糕，用花糕赏赐群臣。上行下效，从官府到民间就流行花朝节活动。方式多为郊游雅宴，参加者多是些骚人墨客，有时也有亲朋好友，在观景赏花中饮酒赋诗，欢声笑语，持续不断。宋代以前，仅限于一些士大夫和知识分子，民间并不普及。宋代花朝节的日期被提前到二月十二或二月初二，增加了种花、栽树、挑菜（采摘野菜）、祭神等活动，并逐渐扩大到民间的各个阶层，日期也因地而异。清朝时北方确定为二月十五，南方则是二月十二或二月初二。我国南北气候条件不同，南方比北方提早几天也合乎情理。歌咏花朝节的诗文很多，如南宋梁元帝诗云："花朝月夜动春心，谁忍相思不相见"；张正见："诘晓三春暮，新雨百花朝"；唐代诗人方干："花朝连郭雾，雪夜隔湖镜"。"百花生日是良辰，未到花朝一半春；万紫千红披锦绣，尚劳点缀贺花神。"更是江南庆贺百花生日盛况的写照。

古城镇的"花朝节"源于何时，已难说清楚，长辈们都说是很久很久以前就有了。古城花朝时间虽然只有一天，但人们从二月初一就开始忙碌起来了。过去因为交通不便，许多客人从头一天就早早到来。现在好多了，大多当天往返。客人不仅有四都、大同、策武等周边乡镇的人，还有瑞金、石城、赣州的人。有商人、绅士、先生、官员，还有古城上街下街人的亲戚。各地商贩也云集此地，布匹、糖果、锅碗瓢盆、各类花线花粉、鞋袜围裙头帕、儿童服饰应有尽有。到后来犁耙锄等劳动工具、小猪小鸡小鸭等家畜家禽、竹箩竹筐鸡笼尿桶簸箕等生产生活用品、菜种瓜种都来了。大小饮食店纷纷开张，农家菜想吃什么就点什么。花朝节前一天，家家户户做豆腐、蒸豆腐丸，做米冻，杀猪卖肉。招待客人的大多是炒米粉、余猪肉、炸豆腐、红烧肉焖豆腐、炒米冻、蒸鱼丸等。现在由于村民生活水平提高了，许多好客的主人还提供白斩鸡、炖鸭子等。总之，全村人为了这一天都早早地做了精心安排，所花费用有的比过年还要多。这也是古城除过年外最为隆重的节日了。

"花朝"在新中国成立前由理事会组织。理事会由乡绅（里长、保长等）、商店老板、有威望的老者共十余人组成。每年正月十五以后开始策划，主要是筹集经费，落实马灯、茶灯、龙灯、船灯的人员和排演，经费几乎全部由商店老板和乡绅捐献，用不完的钱结转下一年。新中国成立后，有一段时间由乡政府和上街村、下街村共同主办，以"花朝"为平台开展边贸活动，还有演戏、踩街、电影等。现在由天后宫理事会负责操办。

"花朝"的主要内容从敬花神、赏花、踏青逐步演变成抬菩萨，"花朝"游神抬菩萨与长汀盛行的庙会、打醮游神不同的地方是，"花朝"不是以某一庙宇和神佛作为载体，整个活动也不是在某一庙宇内进行。原先以抬妈祖为主，后来越抬越多，几乎将古城镇上所有庙宇的主要菩萨都抬出来了，形成很壮观的菩萨队伍。在传承至今的古城花朝，仍可捕捉到踏青、迎春的历史痕迹，比如"马灯""茶灯"。"马灯"用竹篾扎成马头和马尾，用纸糊裱，将马头绑在表演者的胸前，将马尾绑在后腰，一般由 10 ~ 20 个男女少年表演，步法上体现了骑马踏青、观看春天美景的情景。"茶灯"由男女几人、十几人或几十人在街上行走着表演。前面一男一女穿着老头、老太的衣服，手上高举茶树枝，装扮成"茶公""花母"，后面的男女青年都挑着装茶叶的茶篓，茶公茶母举着茶枝扭着步子边走边跳，引导队伍前进，恰似一群男女青年采了满满一担春茶，兴高采烈地庆祝的情景。游神队伍从上街的入街口开始，有锣鼓、乐队演奏，妈祖、五谷大神、五显大帝、释迦牟尼、观音、汉圣帝、刘、周、张等，马灯、茶灯、船灯、龙灯等，旗幡队和铳队。游神队伍开始后，街道两旁所有的住户都在门前供上三牲及香烛，游神队伍到时立即燃放鞭炮迎接，村民都挤在街道两旁观看游神及茶灯、马灯表演，整个古城沉浸在一片热闹、隆重的喜庆气氛之中。

游神结束后，家家户户设宴款待来客，尽展古城人好客的民风。

新桥醮事

农历二月初五成为新桥的庙会和农贸物资交流盛会，源于祭祀三圣公王。

新桥，旧时叫"归阳里"。相传唐玄宗开元年间，龚刘杨三位将军奉调入汀平定南蛮作乱，率部驻扎新桥，负责保护新桥百姓的安宁，后来死在新桥。其家属及新桥人将他们三人塑像供奉，建庙为"三圣公王"，确定每年农历二月初五举行祭祀活动，凭吊英烈。据说，二月初五这一天是"三圣公王"庙宇落成首次祭祀之日，以后年年如此。最初只有新桥人参加，主要是进香、求神、看热闹，后来逐渐扩大并有了货物买卖，祭祀"三圣公王"的醮事活动越搞越隆重。民国时期，波及广东、江西等三省近二十个县，每年有数万人前来观光和参加农贸商品流通活动。

二月初五的庙会由元字棚、李屋棚、王屋棚、邱屋棚、十八家棚、汪屋棚轮流主持，每棚都有一位"长老"负责组织召集，其他棚派一到二位理事协助。醮堂设在当年轮值棚的祠堂。

打醮活动分五个阶段。一是接神守岁。二月初一上午由轮值棚组织接神队伍，把三圣公王接进自己姓氏的祠堂。白天至晚上十点钟左右，鼓手在祠堂下厅吹拉弹唱，鼓手离开后，由本棚年岁最高的三位男性老人进入祠堂看顾香火，叫"守岁"。二是诵经祈请。二月初二上午，在祠堂外大坪上搭好两个高台："焰口台"和木偶戏台，请道士打鼓、敲锣、击钹、诵经，下午开始唱木偶戏。三是游菩萨。从外村游到上街、中街、李屋巷，队伍有高爷矮爷、铳手两人、十番锣鼓队、四十八面五色旗阵、礼生、长锣鼓队、道士、菩萨队伍（三圣公王、三大祖师、五谷真仙、观音大士、天后圣母、府城隍、县城隍、罗公祖师、地母娘娘、水母娘娘、伏虎祖师）、鼓手。四是焰口消灾，超度四面八方无主孤魂和含冤屈死的鬼魂，大致分三个步骤：请神用膳、撞天王、谢神酬恩。道士们在厅内念经结束后，来到大门外焰口台上高坐，打鼓、敲锣、击钹，高声诵经作法，驱恶魔、除病痛；替孤魂冤鬼超度，约莫三个小时方有下台。煮孤菜由男性去做。道士做完法事，冤魂野鬼用餐完毕，"大山人"转个方向，众人把孤菜倒进自己带来的桶里，带回家去给人吃或喂猪，人吃了可以祛病消灾，牲畜吃了更能长膘。倒完孤菜后马上砍倒幡竹，焚化供野鬼冤魂栖宿的纸屋、"大山人"、焰口台上的"八仙"、"十善十恶"、金银纸钱和花边、宝伞，至此醮事圆满结束。五是送神返宫。百姓把各路神圣抬离醮坛，送回各自庙里。

每逢庙会之际，新桥及周边的馆前、童坊、庵杰、铁长、大同、河田、策武、南山等乡镇，早早做好准备，手艺人赶制竹木农具、用具、家具，准备赴会时出售，顺便捎带些家里必需的东西。新桥村更是家家户户、男男女女喜迎这一传统节日的到来。

初一开始，新桥街家家户户张灯结彩，用色纸做成五颜六色的三角旗、大红灯笼或火彩球，悬挂在街道的半空。男女老少都穿上自己只有过年才穿的新衣裳；老人们从过年开始就走亲访友，邀请他们到新桥来做客、赴会；妇女们早早备好丰盛的酒菜热情款待四面八方来的亲戚朋友。到了初五、初六两天，家家户户宾朋满座；街上的人流拥挤得几乎难以行走。整个新桥，更是货山人海，成了一个货种齐全的巨大农贸市场。

小岗是耕牛和其他家禽家畜的交易场所，各地不同品种的禽、畜、禽蛋都在这里出售。大岗是木器市场，有木犁、牛押（弯弯的放到牛背前头脖颈上用来拖犁的器具,多用梧桐树枝人工弯制而成)、打谷脱粒的谷斗、大小圆桌、八仙桌、长短凳、椅子、水桶、大小锅盖、木桶等、舀水勺、尿桶、马桶、大小木箱、橱子、柜子、床等家具,还有儿童玩具,应有尽有。下街坝是竹制品市场,有谷笪、谷笪筐、谷筛、米筛、糠筛、材斗、圆形或长方形的大小竹篮、手提小竹箩、盘篮、簸箕、粪箕、竹凉床、竹躺椅、竹座椅、竹凳、竹席等各类竹制品用具、家具,还有许多竹制手工艺品和儿童玩具。上街、下街街道两边的屋檐下,有用门板临时搭成的一个紧挨一个的"庄子",就是几百个小货摊,置售铁器农具、工具和其他家庭用品,也有部分铜器制品,如犁、耙、锄头、锅铲、菜刀、柴刀、草刀、镰刀、锁、斧头、刨子、铁勺等上百个品种。二月初五的新桥,货源充足,应有尽有。这也是观光"三圣公王"庙会人数年年有增无减的主要原因。

据老人们说,新桥的二月初五庙会,从清朝、民国到新中国成立初期,可谓是最鼎盛的时期。尤其是中华人民共和国成立后的 1950 ~ 1958 年这九年里,由于人民当家做了主人,发展生产、勤劳致富、繁荣经济的欲望非常强烈。人民政府提出"生产致富、劳动发家"的号召,提倡城乡经济流通发展,并由政府出面支持二月初五庙会的物资交流活动,把庙会改称为"农贸物资交流大会",前来参加庙会和"农贸物资交流大会"的人数空前。尤其农业合作化高潮那年,曾有人做过这样的估计:小岗人满,可容四千余人;大岗有万余人;下街坝有两万余人;街面上拥挤往来的近两万人,还有在家里坐聊、谈生意、拉家常、饮酒和在新桥村以外路上的人流,到各乡、村走亲访友和投宿的过往客商万余人。初五、初六每天在新桥村往来的人流量多达七八万人次。还有"三圣公王"的醮事,闹花灯、扭花鼓、牵船灯、踩高跷、天后宫前搭台唱戏;大街、村边路口都安设了广播;广东人在大小岗、下街坝耍把戏卖膏药……整个新桥人声鼎沸,一派喜庆热闹的繁荣景象。街道两边的店铺日夜经营,更是生意兴隆、财源滚滚。

第三节
传统技艺

　　长汀县客家传统艺术历史悠久，种类繁多，大致可以分为客家民间音乐、客家民间歌舞、客农民间传统工艺等。长汀县是纯客家县，县城是古代汀州府治所在，从唐代至清末的1000多年间，长汀县城是闽西政治、经济、文化中心，也是福建省客家文化的发祥地。因此，长汀的传统艺术基本上属于客家传统艺术。客家先民在南迁的过程中将中原的传统文化艺术带到南方，祖祖辈辈传承保留下来，使其成为南方客家地区的传统艺术。在长汀的客家传统艺术中就有大量中原汉族的文化传统。例如遍布长汀城乡的客家传统艺术"船灯"，就是源于北方的"跑旱船"。再比如在长汀十分流行的舞龙灯、踩高跷也是从北方传入长汀的，长汀现在的龙灯、高跷表演仍与中原一脉相承。深受长汀人民喜爱的"踩马灯""打花鼓""九连环"等表演形式，也与中原地区的传统艺术有共同的渊源，至于长期流传在长汀的"凤阳花鼓"，则不折不扣是从安徽传入，至今原原本本未变。

　　世界上没有任何一种艺术是永远一成不变的，所有的艺术总是在流传继承的过程中发展和演变。在世界上很难找到不受任何外来影响纯而又纯的艺术，长汀客家传统艺术也是这样。长汀的客家传统艺术在原有中原传统文化的基础上融入了长汀本土文化的成分，同时又由于长汀地处闽粤赣三省交界处，在与江西和广东的交流中，融合了赣南和粤北的传统文化，使长汀的客家传统文化成为既保留了中原汉文化的特征，又博采众家之长且独具长汀地方特色的客家传统艺术。

古音悠扬

长汀小调

长汀小调是深具长汀地方特色的小曲，流传于长汀民间，深受长汀城乡百姓的欢迎。长汀小调和客家山歌一样都表达了劳动人民的喜怒哀乐，但客家山歌基本上是四句一首，歌词大多即兴自编，而且山歌无须伴奏，完全凭演唱者随口唱出。而小调却不同，小调大多有叙事情节，或唱人物，或唱苦情，或叹身世，或唱历史，而且小调的曲调严谨、规范，不能随意编唱腔，大多在乐器的伴奏下演唱。长汀小调名目繁多，丰富多彩，大致可以分为长汀本地小调和外地传入小调两种。

本地小调是长汀客家劳动人民在长期生产生活中创造，据专家介绍，它至迟产生于清代以前，有悠久的历史。这些本地小调用长汀客家话演唱，有鲜明的长汀地方特色，在音乐、节奏、调式以及旋律发展等方面都有浓郁的长汀乡土气息。本地小调主要有《苦情歌》《长工歌》《看牛歌》《怨娘》《送郎》《劝郎歌》《劝妹歌》《绩笼歌》《鲤鱼歌》《顺摘茶》《倒摘茶》等。演唱小调一般都是同一首曲子多段歌词反复演唱。

例如：《看牛歌》

1=C　3/4

<u>6 5</u>　<u>6 2</u>　·　|　<u>2 6 1</u>　<u>5 6</u> 0　|　<u>2 6 1</u>　<u>6 5</u>·　|　<u>5 6 1</u>　<u>6 3</u> 0　|
正月　看牛　　雨飞　飞呀，　托行　柴子　　背襄　衣呀，

<u>6 5</u>　<u>6 2</u>　·　|　<u>2 6 1</u>　<u>5 6</u> 0　|　<u>2 6 1</u>　<u>6 5</u>·　|　<u>5 6 1</u>　<u>6 3</u> 0　‖
朝晨　碓　哩　　斗半　米呀，　上昼　下昼　　斫柴　归呀。

由外地传入长汀的小调数量众多，琳琅满目。这些小调一部分是客家先民南迁时从中原带入长汀，另一部分是历代战乱时南下的官兵和南迁的百姓带入长汀，他们来自不同的地方，所以长汀的小调也具有不同地方的风格。特别是南宋时期，我国的政治、经济中心南移，大量的文化也南移。这些外地传入的小调大多数是市井百姓生活的反映，同时也传入了一些具有低级粗俗腐朽没落思想内容的东西。低级粗俗的东西毫无疑问被时代抛弃，只有那些富有生活情趣、生动活泼的小调才在长汀扎下了根，久传不衰，成为长汀客家的传统艺术。外地传入长汀的小调主要有：《卖花线》《凤阳花鼓》《九连环》《瓜子仁》《补缸》《扬州调》《十八杂》《鲜花调》《十杯酒》《打骨牌》《十二月飘》《剪剪花》《四季相思》《白牡丹》《一匹绸》《苏武牧羊》《五更鼓》《大小争风》《进花房》《十月怀胎》《哭五更》《孟姜女》《春宵美景》《双扶船》《瞎子观灯》《王婆骂街》《十数麻雀》《下象棋》《螃蟹歌》《小小鱼儿》《打宝马》《割韭菜》等。

南词说唱

南词说唱于清光绪年间由江苏、浙江经福建南平流传到江西赣州等地，又从江西赣南传入长汀，至今已经有一百多年的历史。南词说唱有专门的说唱团体，俗称"说书班"。长汀最早的说唱团体"咏霓社"，成立于20世纪初年，由长汀城关地区的说书艺人组成。长汀东街村的"玉雅堂"成立于1913年，由东街村的说书艺人组成。南词说唱以唱为主，念白为辅，念白系用长汀的"官话"。所谓"官话"，是长汀封建时代官场上用的官方语言，讲究抑扬顿挫，有专门的音调。伴奏的乐器以京胡为主，管乐有笛子、笙、凤凰箫、唢呐，弦乐有二胡、中胡、高胡，弹拨乐有三弦、扬琴、琵琶、六角琴，打击乐有檀板、板鼓、小鼓、大钹、小钹、手锣、大锣、小堂锣。演奏员同时也是演唱者，边演奏边唱边念白，故事情节生动，声情并茂，音乐悦耳，有静场、有高潮，经竹鼓乐交替，十分引人入胜。演唱演奏者少则七八人，多则十几人。演唱时围坐在两张八仙桌周围，主唱一般由掌板的指挥担任，演唱中的旦角由男声小嗓代替。

长汀南词说唱班虽于20世纪60年代解散，但已在长汀深深扎下了根，普及城乡。现在长汀城乡的鼓手班都有南词说唱的传统习惯，而且人才辈出，代代相传。长汀的几十个鼓手班，在为红白喜事演奏时，必定有南词的说唱，这个传统延至今日不衰！

长汀南词说唱的基本曲调有南词、北调、花腔和长汀民间小调。南词有八韵（即《天官赐福》中的"雪""上""惟""千""朝""祥""降""重"八韵），曲调优美动听，悠扬婉转，旋律性强，唱词精练，拖腔转长，类似于戏曲中的板腔体结构。"北词"的曲调较刚毅明朗。"花腔"则属于节奏紧凑的快板。

南词说唱的曲目除了《天官赐福》之外，还有《紫燕盗令》《花魁醉酒》《文龙祭江》《陈姑赶船》《烟花告状》《活捉三郎》《尼姑下山》《安安送米》《湘子渡妻》《花魁女修情书》《渔樵耕读》《貂蝉拜月》《云香相约》等。北词的曲目有《宋江杀惜》《九子升官》《苏文表借衣》《哪吒下山》《牡丹对药》《永乐观灯》等。南词花腔的曲目有《卖草墩》等。小调的曲目有《大小争风》《时迁过关》《大补缸》《王婆骂街》《瞎子观灯》等。

新中国成立以后，南词说唱作为长汀县传统客家文化艺术遗产得到了保护，虽然没有专业的南词说唱队伍，但南词的说唱艺术得到发扬和普及。县文艺工作者利用南词为新时期文艺服务，在传统南词曲目的基础上加以创新，并赋予了新的思想内容，令人耳目一新。例如新编的南词说唱《夜擒活蜈蚣》，南词小戏《鱼水情深》《恭喜发财》等，参加省市调演，颇受欢迎。

十番

"十番"是由十种以上乐器演奏，故名。长汀的"十番"有两种，一种是完全由打击乐组成的，又叫"十番锣鼓"，另一种是由器乐演奏加打击乐，叫"十番音乐"。"十番锣鼓"的演奏有坐法和行法之分。所谓坐法即演奏人员按规定的座位入座敲锣打鼓，即坐着演奏，所以坐法十番锣鼓大多在祠堂、家中厅堂内演奏。所谓行法，即在行走中演奏，由一人挑锣鼓，锣在前鼓在后，挑锣鼓的人兼打锣，另一人在鼓的后面，左手打板右手打鼓，其他演奏人员排成队伍，边走边打，故名行法。行法多用于迎神打醮等庙会游神时演奏。"十番锣鼓"有二十余个曲牌流传，主要有《风入松》《凤点头》《长流水》《火炮》《三多子》等。

以器乐演奏为主的"十番音乐"，除了演奏流行于长汀的南词、北词、

● 闽西客家十番音乐

花腔、小调以外，还有许多以器乐为主的曲目，其中还穿插一些较轻快活跃的"小叫"或碰铃等打击乐器作衬托。曲调优美抒情，大多为纯器乐曲，主要的曲目有《八板头》《碧莲池》《过街溜》《雨打莲》《红绣鞋》《得胜鼓》《龙虎斗》《葡萄仙子》《醉仙调》《琵琶词》《风流词》《南进宫》《一点金》等。

"十番"的演奏者分为两类，一类是士、农、工、商阶层的器乐爱好者，他们以自娱自乐的方式组织起来，不以营利为目的，结合各种传统节日和国家的法定节日组织演奏，活跃群众文化生活。例如长汀县工商联民间音乐协会、濯田镇工商个体户俱乐部以及县器乐爱好者业余民乐队等。他们一方面继承发扬民间传统文化艺术，另一方面丰富了人民群众的文化生活。另一类是职业民间乐队，他们是以职业演奏谋生的民间艺人，专门为老百姓的红白喜事以及民间庙会、迎神打醮、传统节日等服务，他们按天收取费用。这一类的职业民间乐队，遍布全县各乡镇，有深厚的群众基础。

汀州鼓吹

长汀鼓吹乐又称为汀州鼓吹，是以管乐器为主要演奏乐器的合奏音乐。汀州鼓吹的演奏者大多是民间职业艺人，在长汀又称为鼓手班，他们大多为民间红白喜事演奏。汀州鼓吹有坐奏和行奏二种，"坐奏"是指坐着演奏，在办喜事人家的下厅一角围坐演奏，丧事则在大门外搭棚演奏，长汀风俗丧事鼓手班不能进屋演奏。行奏是指在行走时演奏，这大多是在出殡时演奏，要一边行走一边演奏。汀州鼓吹一般有一吹二打三演奏三个段落。"一吹"是指开始阶段的唢呐吹奏，以大小唢呐吹奏为主，衬以其他的弦乐。"二打"是指打击乐演奏，以大鼓、大锣为主，鼓点由深沉到激越。"三演奏"则是弦乐和弹拨乐演奏为主，演奏的乐器有扬琴、二胡、吊龟子、六角琴等，演奏往往夹带戏曲演唱，多为闽西汉剧，且

● 公吹

角由男声假嗓演唱。演唱中也有念白，多为戏曲故事的片段。演奏中还穿插长汀民间小调等。

汀州鼓吹的曲牌主要有《大乐》《平对》《逍遥鼓》《得胜鼓》《花鼓》《步步高》《公嫲吹》《出水莲》《蝴蝶乐》《高山流水》《将军令》《尝花》《粉红莲》《水童音》《亲子鼓》《十句板》等。

在汀州鼓吹的曲牌音乐中，《公嫲吹》是其中极富特色的一首。《公嫲吹》是丧事曲，它是由演奏中的两样主要吹奏乐器"公吹"和"嫲吹"来命名的。"公吹"和"嫲吹"实际是唢呐，但比一般的唢呐大而且长，是普通小唢呐的三倍左右。"公吹"音色较低沉、浑厚，音域较宽广，似一位老头的嗓音；"嫲吹"较"公吹"柔和圆润些，低沉中透出些许明亮的音色，似一位老婆婆的嗓音。"公吹"和"嫲吹"的名字便如此得来。演奏时，"公吹"和"嫲吹"形成对奏和支声复调关系，两声之间按筒音相差纯四度，在本调（1=D）中，公吹全按作徵（5），嫲吹全按作商（2）。

由公吹带头吹奏于一定乐段时由嫲吹接上，犹如一问一答，颇有拟人的生活情趣。演奏中以公吹和嫲吹为主要乐器，配以二胡、扬琴、三弦、中胡、大堂鼓、大堂锣、小锣、小钹等。

由于《公嫲吹》是丧事曲，所以只有在治丧过程中才演奏，其他场合一概不演奏《公嫲吹》。《公嫲吹》曲调扣人心弦，极富感染力。开始时，由公吹演奏，旋律低沉，缓缓叙述，随后"嫲吹"接上，似一对老夫妻在回忆过去的美好岁月。后来"公吹"和"嫲吹"交替演奏，就像是这对老夫妻在互问互答倾诉各自的心声；时而慢速低沉、缓缓吹来，似老夫妻抚摸自己的白发，叹息岁月的无情；突然乐器齐鸣、震人魂魄，又似乎是相依相伴几十年的老伴去世后那悲愤交加、撕心裂肺的哭声；转而又呜咽声声……

《公嫲吹》由民间艺人在演奏中创作和丰富，产生的年代已无从查考，是由民间艺人口手相授，传承保留下来，曾在江西、福建等客家地区流传，后来由于一些民间艺人相继去世，只有长汀民间艺人中还保留演奏，成为八闽绝响。由于《公嫲吹》的曲调内涵及吹奏水平达到较高的艺术水准，1985年由长汀艺人演奏的《公嫲吹》荣获福建省民间音乐演奏比赛优秀节目奖。福建省民间音乐研究机构及专家高度评价《公嫲吹》的艺术价值，认为它是客家传统艺术中一颗闪亮的明珠。

长锣鼓

长锣鼓为打击乐，是长汀久负盛名的传统艺术。长锣鼓以演奏曲牌多、演奏时间长而得名，在长汀民间已经流传二百多年，极富长汀地方特色。长锣鼓主要分布在长汀的馆前、新桥、策武、大同、河田、南山、古城、四都、濯田等乡镇。鼓班多以姓氏堂名称呼，例如长汀大同镇师福村的长锣鼓班由赖姓人组成，故称为"松阳堂"。长锣鼓班的演奏活动一般为春、秋二次，春季的活动在二月初一，叫朝保苗，秋季的活动在

九月十二，叫令茶，朝山庆丰收。中华人民共和国成立后，保留了鼓班的活动，在春节、元宵节等节日也有长锣鼓班的演奏。在"文化大革命"的十年，由于受"左"倾影响，长锣鼓被列入封建迷信活动，遭到禁止。艺人们相继离世，使长锣鼓的演奏濒于失传，现在只有少数民间艺人能够演奏长锣鼓。

长锣鼓的演奏只用于朝神迎神，民间的婚丧喜庆都不用。演奏时，指挥一人，掌管檀板、板鼓、十番鼓、小堂鼓。低音大锣一人，大铙钹二人，小钹二人，小堂锣一人，共七人。演奏形式分为坐打和行打，坐打即坐着打击演奏，演奏时将锣鼓担子放置在八仙桌的一角，板鼓坐八仙桌上方，打大锣的坐八仙桌下方，其余围坐两边形成圆形。行打即一边行走一边打击演奏，朝神迎神时大多是行打演奏。行打演奏时，由一人挑锣鼓担子，大锣领先、板鼓随后，其余五人依次排列，形成二路纵队。

● 长锣鼓

长锣鼓的节奏变幻莫测，音色音响十分丰富，具有深沉、悠扬、粗犷、刚劲、热烈、活泼的风格特点，长锣鼓打击乐是长汀民间器乐曲中一朵古老而鲜艳的奇葩。

长锣鼓的打击乐曲牌共有六七十个之多，现在还能打击演奏的有二十多个，主要有《四除头》《二除》《二串》《三除》《三串》《会战鼓》《金瓶梅》《凤尾松》《水蝶蛾》《松江友》《义方》《三友》《鲜花》《七段长锣鼓》《老八板》《新八板》《剪剪花》《赛芙蓉》《九连环》《双宝珠》《九除》《倒九除》等。这些打击牌子既可单独演奏，也可串在一起演奏。串在一起打击演奏时，指挥通过"长锣鼓""火炮""尾子"三个锣鼓点衔接十八个牌子，具有天衣无缝、一气呵成之功。

艺苑芳菲

踩马灯

踩马灯是充满长汀地方特色的客家民间舞蹈。"踩"是长汀客家话，是扭动、舞动的意思，与字面的"踩"并无关联。踩马灯也并不是舞马灯，在这个民间舞蹈中没有出现马灯这个道具，据民间艺人介绍，早期是用马灯调来表现，故名踩马灯。踩马灯大多反映了民间男女爱情的内容，表现了青年男女自由恋爱及相互爱慕中的有趣情景。踩马灯一般为一男一女或一男二女，男的穿长衫，腰扎彩带，前后衣角撩起塞进腰带内，头戴小草帽，右手执折扇一把，这是传统社会中休闲、潇洒男青年的形象。女的大多由男演员扮演，装扮为传统社会中村姑的形象，穿小衣小裤，围系围裙，头上戴着用大红绸布扎成的绸花，两边绸带垂至胸前，跳动时绸布带上下翻飞飘扬，十分好看。女的还戴墨镜，右手执折扇、左手持手绢。表演时，男的为主唱，双手自由舞动，双脚随着音乐的节奏一前一后，一屈一伸，下身微蹲，走斜四方步。女的不唱，只是随着男的唱腔，自然地随着舞蹈，双手拿着的折扇和手绢自由地绕八字圆，同时扭腰出胯。踩马灯的舞步，并没有规定的节奏和舞步，讲究的是两人的谐调配合，或前仰或后仰，或转圈，或男女交换位置等都靠演员的现场发挥，以及两位演员的随机表演。所以，踩马灯的表演体现了演员的临场功力，好的演员表演起来如行云流水，自然贴切，毫无痕迹。特别是转身的表演，男女之间交换位置几乎是以背靠背，一闪而过，令人叫绝。在表演中有的女角演员（男的扮演），身手矫健，一跃而起，双腿夹在男的腰上，男的马步支撑，两人一前一后，下腰仰起，既见功力，又十分诙谐。踩马灯表演的内容主要有《卖花线》《补缸》《双扶船》等传统曲目。

踩马灯舞蹈具有古朴、抒情、轻松、诙谐的特点，历来受到长汀百

● 踩马灯

姓的喜爱。每年春节、元宵期间，踩马灯的表演给百姓带来了新春的喜悦。

踩船灯

踩船灯也是深受人们喜爱的长汀客家传统表演艺术。这里所说的踩，和踩马灯的踩同样是舞动、扭动的意思。船灯类似于我国北方盛行的旱船，但长汀的船灯，在船的内侧扎有插蜡烛的插鞘，夜间可以将点燃的蜡烛插入插鞘，整个船灯灯火通明，十分好看，是名副其实的船灯。

踩船灯在长汀城乡广泛流行，特别是城关、大同、童坊、新桥、濯田、馆前、涂坊、宣成、南山更是盛行。踩船灯一般由两部分组成，一部分是船灯，它由船心（即船舱内）一人、艄公一人、船婆一人共三人组成，也有的另加两名划桨的船工。船心一人即花旦，身穿小衣小裤，头戴红绸布扎成的大红花，眼戴墨镜；艄公为男性老人，手持长绸，长绸的一

● 踩船灯

131

端和船头系在一起；船婆则打扮成彩婆模样，是个丑婆子，手持一把大蒲扇。另一部分是民乐队，由二胡、笛子、唢呐及锣鼓组成。船灯舞动时，由乐队打击各式鼓点，船灯随着鼓点的节奏起舞，此时的艄公手执长绸牵引着船灯，而船灯内的花旦要随着艄公的牵引，舞动着船体，船体要做出忽高忽低、忽前忽后的动作，犹如水上行舟一般。而船婆则在一旁随着船灯扭动腰身，摇着大蒲扇，还要不时地装出各种滑稽的姿态，引起围观群众哈哈大笑。

船灯舞动一段时间后，则要停下休息一会儿，此时的乐队锣鼓停下，开始演奏长汀的民间小曲，船内的花旦走出船体，和艄公一起跳起长汀人们十分喜爱的踩马灯来。唱完跳完之后又继续舞动船灯前行到另一处。此类船灯是长汀县城乡较为普遍的民间表演艺术，它的特点是生动活泼、风趣诙谐。

在长汀还有另一种船灯，称为大船灯。以长汀宣成乡为代表，当地的船灯犹如精美的画舫，船体分为两层，制作十分精美，船体的四周有各种镂雕的图案，如花鸟鱼虫、梅兰竹菊、各种人物，应有尽有。这种大船灯就像一个艺术品，供人观赏。它不能舞动表演，行进时须由二至三人在船舱内挑起整只船体，缓缓行进，供路人观看评价。船后头同样也是一支民乐队伍，演奏各种长汀民间小曲。

长汀踩船灯有深厚的民间基础，深受人们的喜爱。它是集舞蹈、旱船、民乐演奏于一体的长汀民间传统艺术，千百年流传不衰！

1998年，福建省首届客家文化旅游节在长汀开幕，开幕式上，长汀各界群众演出的大型广场文艺节目《情满汀江》受到海内外数千来宾的热烈欢迎。在这场文艺表演中，有由一百条长汀船灯组成的大型船灯表演，博得了来宾的高度赞扬。在龙岩市举行的首届山茶花节开幕式上，长汀的船灯表演同样成为观众瞩目的亮点。长汀踩船灯从群众中来到群众中去，带着客家乡土的浓郁风情而长盛不衰！

舞龙灯

　　舞龙灯是长汀客家民间传统艺术，由于龙是吉祥的象征，因而龙灯深受人们的欢迎。长汀的龙灯分为夏麻布裱糊的青龙和黄龙、用稻草扎成的稻草龙、用桷子板拼成的桷子龙灯和手龙等四种。用夏麻布（现在大多用纱布或锦纶）制成的龙灯，要先用竹篾扎成龙头、龙尾和龙身，龙身由若干段组成，每一段的龙身内都有插蜡烛的插鞘，舞龙灯时将点燃的蜡烛插入龙灯内，多段的龙灯变得灯火通明，成为名副其实的龙灯。这一种龙灯分为青龙和黄龙，都属于吉祥的颜色。舞龙灯时，由前方一人手执火球，引导龙灯前进，整条龙随着龙头的摆动而舞出不同的花样，这种龙灯和其他地方的龙灯大致相同。

　　稻草龙流行于长汀新桥乡，它是由一根杉树作为龙的骨架，在杉木上捆扎稻草，并扎成龙头和龙尾。稻草龙扎成以后，用数根木棍固定，年轻力壮的青年高高举起木棍将龙举起来。稻草龙的龙身由于是整根杉

● 舞龙灯

木，所以不能扭动和摇摆。每年的新桥二月初五庙会时，便有稻草龙表演。天黑下来之后，领头一人，双手各执点燃的大把香火边跑边舞动香火，香火的火星随即四射散发，十分耀眼。香火前头领路，随后就是稻草龙。稻草龙跟随香火的舞动游村，游村结束后，要将稻草龙焚烧，意即送龙上天。

椆子龙灯流行于长汀童坊镇彭坊村，它的特殊之处在于龙身是由椆子板组成，一节龙身就是一块椆子板。椆子板长约3米，在每块椆子板上固定着两盏花灯，同时还钉着一根支撑木，在椆子板的两端有插鞘可以和其他的椆子板连接。椆子龙灯由各户提供一节组成，所以当地村民每户都有一节椆子板。每年正月舞龙灯时，每户都将自己的椆子板拿出来，连接成长长的椆子龙灯，再加上龙头和龙尾整条龙就完成了。由于每块椆子板上都有两盏花灯，所以整条龙就有数十盏上百盏的花灯。夜幕降临，所有花灯都点亮，整条龙灯光闪烁，游走在村庄小道田埂上，照亮了夜空。

手龙流行于长汀濯田乡。手龙是由不相连接的若干节组成，同样有龙头、龙尾，每人手持一节，互不连接。表演时讲究动作的连贯，由于每人一节互不相连，舞动时的难度就比其他的舞龙更大了。每个舞龙的人手持一节龙身，眼睛要紧盯着前面一节的龙，并随着前面龙的舞动而舞动。手龙的表演犹如行云流水，根本看不出是分离的。

打花鼓

长汀打花鼓，即凤阳花鼓，据传是于清代传入长汀。由于曲调优美，歌词通俗，朗朗上口，逐渐被长汀人接受，而成为长汀客家传统艺术的一部分。长汀打花鼓虽然演唱的是凤阳花鼓，但与安徽凤阳艺人的表演不同，安徽艺人演唱凤阳花鼓以唱为主，用长穗棒敲小碗鼓，既可一人演唱亦可多人演唱。长汀打花鼓是以舞蹈为主，以唱为辅，类似于长汀

● 打花鼓

的踩马灯，表演时且歌且舞，动感强烈，具有欢快诙谐的特点。长汀打花鼓由三人表演，角色为二旦一丑，旦角大多由男性装扮。旦角一人打鼓，一人打锣，丑角手持折扇。表演时由丑角主唱，两名旦角以打鼓和打锣配合丑角的演唱，三人在表演中不时地交换台位，脚步轻快跳跃，三人还穿插队形，丑角手脚并用，双手比画摆动，脚步跳跃，旦角以配合为主，是典型的民间三人舞。

　　打花鼓虽然是从安徽传入长汀，但它在长汀的流传过程中完全融入长汀客家人的生活，并按长汀人的欣赏习惯加以改造和发展，而成为具有浓郁长汀地方特色的打花鼓。

九连环

　　九连环也叫打钱棍，是长汀客家传统艺术之一。它的表演类似于踩马灯，由二旦一丑或一旦一丑表演。丑角手持折扇，旦角左手持手绢，

135

● 九连环

右手拿钱棍（即九连环）。九连环的表演由丑角作为主唱，唱的词曲多为在长汀广泛流行的民间小调、小曲。舞蹈表演时，节奏明快，动作跳跃，载歌载舞，内容大多表现男女之间的真挚爱情和对美好生活的向往。九连环表演最大的看点在于旦角的打钱棍，旦角手持钱棍根据丑角的演唱，除了配合身段和舞步之外，将钱棍打得花样繁多，钱棍不停地击打左右手、脚、膝盖、肩膀、脚后跟、大腿，打得眼花缭乱，令人拍掌叫绝。而表演者越演情绪越高涨，时而转身，时而跳跃，只见钱棍飞舞，钱棍碰击的声音清脆响亮，而舞步丝毫不乱！

　　由于九连环表演健康、清新、明快，历来受到人们的喜爱。在土地革命战争时期，长汀是中央苏区的重要组成部分，长汀人民用九连环的表演形式歌颂毛主席领导的革命战争，歌颂苏区人民的英勇斗争精神，起到了很好的宣传作用。新中国成立以后，九连环同样成为长汀人民重要的文化娱乐形式，每年的春节、元宵以及重要节庆活动，都有九连环的表演，九连环也被赋予了新的思想内容。

茶灯

茶灯流行于长汀古城乡，是专门表现茶农生活的舞蹈，因此具有十分鲜明的地域性和行业特点。茶灯是行进式表演的，昔日大多在庙会迎神的队伍中出现。茶灯由男女演员若干人表演，人数可几人、十几人，也可以几十人，视具体情况

● 茶灯

而定。在茶灯表演的队伍中，领头的两人穿着老头和老太太的服装，手上高举着茶树枝，装扮成深受人们欢迎的茶公、茶母形象。跟在茶公、茶母后面的是挑着茶篓的男女青年。表演时，茶公、茶母举着茶树枝扭着步子在前面边走边跳，引导着后面的队伍。后面的男女青年则挑着茶篓紧随茶公、茶母，边挑着茶篓边扭动腰身，十分有趣。茶灯表现的内容是一群茶乡男女青年采茶归来，挑着满篓的茶叶，兴高采烈庆祝的情形。

茶灯表演时，唱茶灯调，这是流传十分悠久的地方小调：

6 6 1　6 5 | 6 1　6 1 | 2　2 1 | 6 5 6　1 | 6 2　1 2 |
正月个 摘茶 是新 年哦 呀 呀哦 嘟呀 来 放落 茶篓

6 2　1 6 | 5　6 1 2 | 6 6 1　6 5 | 6 — ‖
点茶 钱呀 的 嘀里 花嘟儿 花留 香。

歌词是著名的地方小调《十二月摘茶》。

在长汀的乡村都有种茶的习惯，一种是专门榨油的油茶，另一种是茶叶，采茶和摘茶籽是长汀农村的农活之一。"茶灯"的出现正是表现了长汀乡村的真实生活情景。茶公茶母则是茶农们创造出来的形象，人们希望茶公茶母能保佑茶叶的丰收，带给茶农美好的生活，寄托了茶农的愿望。

舞狮

狮子象征勇敢和力量，因而受到长汀客家人的推崇，舞狮成为吉祥的化身。长汀舞狮有两种，一种称为文狮，也叫黄狮，重点在于表现狮子的形态及情趣。另一种称为武狮，也叫青狮，重点在于表现狮子的勇猛、威武。青狮和黄狮都要模拟狮子的生活习性和动作，这是舞狮最基本的要求。舞狮由三人表演，其中两人扮演狮子，分别为狮头和狮尾，另一人舞滚球引导狮子。长汀还经常在舞狮的场合出现"笑和尚"和猴子，这两个角色由两个人戴上面罩装扮，其作用在于挑逗狮子以及逗乐周围的观众，使现场的气氛更为轻松活泼。这是长汀舞狮极为独特的地方。

● 舞狮

文狮流行于长汀童坊、南山、宣成、涂坊、濯田等乡镇。文狮的基本动作有搔痒、舔毛、抖毛、打滚、戏球等，在表演文狮时，还要穿插一些武术器械表演如刀、枪、棍、棒的对打，使现场更为引人注目。

武狮流行于长汀城关一带，表演武狮时重点表演跳跃、跌扑、翻腾、直立等高难度的动作，能够体现演员的武功和技艺。

舞狮活动盛行于春节、元宵节期间，舞狮艺人自发组织，到有关的公司、商店、商行以及大户人家去拜年。每到一处，锣鼓响起，立刻引来围观的人群。表演结束主人都会拿红包给舞狮人。新中国成立以后，狮舞经常出现在一些庆典活动中，给节日的人们带来了欢乐。

觋公舞

觋公长汀话称为师公，是迎神打醮活动中请神、祈福、消灾的男巫，实际上是道士。觋公舞是祈福消灾的舞蹈，在迎神打醮时表演。觋公舞只有男巫才会表演，一般的群众并不去表演，所以这是少数人的舞蹈，但由于觋公舞吸收了大量长汀民间文艺的素材，而且表现十分形象逼真，因此成为长汀传统文化遗产。

觋公舞包括"跳海青"（又称为"装夫人教"）、"出五郎"、"打五色家伙"、"锡角舞"、"蛤蟆舞"、"打席花"、"打碗花"等，内容十分丰富，是长汀民间舞蹈的集大成者。

觋公舞分为文科和武科。文科即跳海青又称装夫人教，表现的是陈氏、林氏、李氏三位夫人为了镇服妖魔而结伴上山学法，她们在海青的带领下终于学到了法术，镇压了妖魔。由男巫表演的这段舞蹈，从单人舞到双人舞，再到三人舞，最后为四人舞，十分细腻地表现了夫人从早上起床、梳妆、洗脸、行香、上路的整个过程，特别是在上路过程中的打衫花、舞肩花中三步法和左右出胯的表演，被专家誉为民间原生态的迪斯科舞。所谓"三步法"即置脚横直呈丁字形，左三步，右三步；前三步，后三步；进三步，退三步。在"三步法"中通过左右出胯带动扭腰，使整个身体呈三道弯的摆动特色，是手、脚、腰、双臂、头部统一协调的综合舞蹈，成为长汀民间舞蹈最为典型的代表。

武科的表演以粗犷刚劲著称，整个舞蹈舞姿多变、节奏鲜明、刚劲有力，体现了较高的舞蹈技艺。其中"出五郎"表现的是五位勇士去消灭妖魔，体现了勇士的威武有力。"打五色家伙"（五色家伙是长汀方言，"家伙"是指武器，五色家伙即刀、枪、剑、戟、棍），男巫们分别表演这五种器械的舞蹈。

"锡角舞"，锡角是用锡制成的如牛角形状的号角，可以吹响，通常男巫们在请神时和打醮的开场都要吹响锡角。"锡角舞"中，男巫双手各持一个弯锡角舞成8字花，左右手的锡角在空中及身前身后画成弧形，十分引人注目。"蛤蟆舞"是模仿蛤蟆的舞蹈，男巫赤裸上身，口中咬住一根筷子，趴在草席之上，模仿蛤蟆的"伸腿""前扑""翻白""献肚""跳跃"等形态动作，刻画蛤蟆的生活习性和活泼性格，舞蹈形象、生动、富有韵味。"打席花"是将普通的草席卷成筒状，然后像舞棍棒似的将筒席舞动，舞动得越快越花越见演员的功力。"打碗花"的表演极为特殊，将普通的饭碗倒扣在席子上，演员赤脚踩在倒扣的碗上，双手各夹一个碗，根据节奏双手的碗碰击出清脆的声音，脚踩在碗上还要不停地挪动，或前或后，或左或右，有鲜明的地方特色。

奇美造型

台阁

台阁流行于长汀的宣成、涂坊、南山、中复、濯田及城关等地，是城乡百姓喜闻乐见的娱乐形式。台阁大多出现在庙会游村时，它实际上

● 台阁

是艺术的造型。台阁大约一米见方，如一个小小的楼阁，四周有栏杆，栏杆上扎着各色的装饰纸花，四根小木棍撑起一个小盖篷，这样可以避免日晒雨淋。台阁里坐着由四五岁孩子装扮的戏剧人物，由两位成年人一前一后抬起台阁参加巡游。有许多大家庭或祠堂里都备有台阁，每年春节闹花灯或庙会游村时，人们就将台阁取出来，用纸花装饰一新，然后让自家的小孩或邻家的小孩穿上戏曲服装，把小孩抱进台阁内安坐，小孩坐在台阁内如同坐轿子一样十分舒服，特别受小孩子们的欢迎。

在长汀城关还流行过大台阁，如同一个小舞台，不但小孩可以坐，大人也可以扮成戏曲人物坐在台阁内，不过大台阁无法用人抬着行走，而必须用板车推着行走，十分引人注目。

台阁既不是歌舞也不是戏剧，而是一种造型艺术。它体现了太平盛世社会的和谐以及五谷丰登、百姓欢乐的景象，是长汀传统节日的特有艺术。

高跷

高跷，长汀人俗称为高脚师，流行于长汀城区、策武、新桥、河田一带。在大型的传统节日和庙会的巡游中往往有高跷参加表演。高跷是行走表演的艺术，踩高跷的演员大多装扮成戏曲里的人物，如"八仙过海"中的八仙，"白蛇传"中的白蛇、青蛇、许仙及蚌精、鱼精，"西游记"中的孙悟空、猪八戒、沙和尚、唐僧等。

● 高跷

表演中按照锣鼓的节奏，走各种步伐，如前进、倒退、十字步、交叉步等。

演员们手上拿一些与该戏有关的道具作为装饰以烘托人物的形象。高跷中表演的成分较少，关键在于高跷的走步，步伐要稳健、有力。但也有一些是带有表演的，如河田蔡坊的高跷扑蝶，由一人手拿蝴蝶前行，蝴蝶时高时低，时左时右，跟在后头的扑蝶者，手持折扇要不停地追逐蝴蝶，体现较高的踩跷技术。新中国成立以后，传统高跷被赋予了崭新的内容，如抗美援朝时表演的"打败美帝野心狼"，演员分别装扮成雄赳赳气昂昂的志愿军和垂头丧气的美帝国主义分子。又如在"工农商学兵大团结"中，演员分别装扮成工人、农民、商人、学生及解放军，形象十分逼真，有鲜明的时代特色。

花灯

长汀的花灯有悠久的历史，在客家地区长汀花灯以其独特的造型、精巧的制作工艺而久负盛名。长汀花灯盛行与封建社会重男轻女有密切的关系。在封建社会，推行的是男尊女卑的封建礼教，导致了社会上普遍的重男轻女现象。男子称为男丁，在封建社会里只有男丁才有社会地位，可以参加各种社交活动，可以进出祠堂，只有男丁才有资格在族谱上留下名字，更重要的是只有男子才可以传宗接代。而女人不能得到这些地位，她们只是男人的陪衬而已。在长汀的客家话中"丁"与"灯"同音，人们把灯旺比喻为丁旺，由对男丁的重视与追求而演化为对"灯"的格外看重，使灯成为丁的象征。长汀的客家祠堂里都有本族的花灯，灯火辉煌代表本族人丁兴旺。凡是家中有新出生的男孩，来年的正月十五一定要扎一盏花灯以示庆贺。在长汀凡是女孩出嫁以后，在出嫁后的第一个正月十五，娘家一定会给出嫁的女儿送一盏花灯，希望女儿早生贵子为婆家添丁。长期的男尊女卑的封建思想影响，导致长汀花灯延绵了数百年的历史，普及城乡，后来成为新春之际长汀花灯大放异彩的习俗。

长汀花灯不仅有悠久的历史，而且工艺水平较高，深受人们的喜爱。

长汀花灯分为三类，第一类是小孩们玩耍的小花灯，第二类是流行于涂坊、宣成等地宫灯似的大花灯，第三类是盛行于河田、三洲的大型琉璃灯。小孩们玩耍的小花灯有小莲花灯、小船灯、小飞机灯、小荷花灯。这种小花灯用竹篾扎成骨架，用彩色纸裱糊而成，每盏花灯都有一根二尺左右长的竹子支撑，小孩们可以高高举在手上。小花灯内都有插鞘，可以插上一根点燃的蜡烛。每到正月十五，长汀县城大街小巷都是玩花灯的小孩，街头巷尾到处是闪闪烁烁的花灯，别有一番风情。大型花灯流行于长汀的涂坊、宣成等乡镇。这类花灯制作精巧，是用竹篾扎骨架，用丝绢裱糊制成。花灯分为三层，高约 1.5 米，上层像倒置的塔形，上大下小，中层是圆形空心球形灯，球形四面开了四个精致的几何图形孔，透过窗孔可以看见里面转动的花鸟鱼虫、戏曲人物。下层是个大球灯。由于大

● 花灯

花灯约有一个成人高，所以需要四个人扛起，才能巡游。大型琉璃灯流行于河田、三洲等地，这种花灯的主体与涂坊、宣成的大花灯相似，特别之处在于在主体大花灯周围还悬吊着几百盏的琉璃灯，琉璃灯约玻璃酒杯大，灯内添满了菜油，放置灯芯，几百盏琉璃灯全部点亮，连同主体花灯的烛光，层层叠叠、璀璨辉煌，令人叹为观止。一盏灯实际上就是数百盏灯的综合体，当这些花灯出现时，简直成了灯的海洋。这种花灯大多由祠堂准备，一个姓氏一盏，几十个姓氏就是几十盏。这种花灯由于十分庞大，须六个年轻力壮的男子扛起，才能上街巡游。

新中国成立以来，封建迷信已成为历史陈迹，花灯再也不是重男轻女的象征了，而是被赋予了新的内容，象征着幸福、吉祥、兴旺，继续受到广大人民的喜爱，花灯习俗在长汀长盛不衰！

剪纸

长汀民间剪纸艺术具有悠久的历史，流传于城乡百姓家中。长汀剪纸历来在客家妇女中代代相传而被继承下来，成为长汀传统民间艺术的重要组成部分。长汀剪纸源于何时已无法考证。一般女孩子六七岁就开始学习剪纸和刺绣，到出嫁时已学会全部剪纸技巧。所以昔日长汀妇女无论老太婆、小媳妇，拿起剪刀人人会剪。技巧高的妇女不用描图，全凭个人的感觉就能把现实生活中接触到的内容变成剪纸的题材，花样繁多。但是，由于长汀的剪纸多用于婚嫁、孩子诞生、庆寿等喜庆之事，所以剪纸艺术也有了一定的规范和要求，许多妇女一般有专门用于新婚、祝寿、乔迁、添孩子、庆周岁等剪纸图样。妇女们有专用的剪纸花样折叠簿，用于夹放剪纸花样。折叠簿本身就是一件精美的艺术品，它用整张的玉扣纸或毛边纸折叠而成，巧妙地折成许多方盒、六角盒、八角盒，每一个盒内放置一个花样，一个折叠簿打开，只见层层叠叠，有十几个甚至几十个小盒，十分精致、玲珑。有些妇女一辈子像珍藏名贵珠宝一

● 剪纸

样珍藏着剪纸花样折叠簿，这是长汀妇女智慧的结晶。

长汀剪纸的花样为装饰性花样，全部含有吉祥、如意、喜庆的意义。如围裙花、门帘花、帐围花、童帽花、枕头花、窗花、门花以及结婚嫁妆的帽花、鞋花等。这些剪纸都被冠以许多吉庆好听的名字，一方面使剪纸增添了吉庆的内容，另一方面使剪纸更为规范，不至于用错场合而闹笑话。比如结婚的不能用于庆寿，乔迁的不能用于升学等。所以，长期以来，长汀剪纸都沿袭一定的花样，综合起来大概有以下几类。结婚的剪纸图案有"龙凤呈祥""鸾凤和鸣""莲花并蒂""喜鹊兰花""石榴柿子""高升枣子""一品花王""鞋垫花""净瓶花""鱼花""猪头花"等。生孩子和庆周岁生日的有"多子狗牙""三多九如""百子千孙""长命富贵""五子登科""兜肚花""围脖花""童帽花""喜蛋花"等。庆寿的有

145

"寿桃花""寿面花""寿字图""双龙戏球""松鹤延年""福如东海""寿比南山""福禄寿全"等。新居落成乔迁的有"添丁兴旺""双钱柿子""兰花石榴""四季平安""金钱莲花"等。还有专门送庙内敬佛的剪纸如"万人伞""吉祥如意"等。剪纸图案有圆形的、方形的、菱形的、梅花形的、长形的、鞋底形的等。这些剪纸由于都饱含了吉祥的寓意,因而深受人们的喜爱。

长汀童坊镇彭坊村家家户户会剪纸,剪纸的线条简单,造型生动,朴素自然,有浓郁的乡土气息。

第四节
客家山歌

长汀地处武夷山脉南段，世世代代居住在闽西万山之中的长汀客家人创作了丰富多彩的客家山歌，真可谓长汀山多歌也多。在长汀处处有山歌，人人唱山歌：

要唱山歌只管来，拿条凳子坐下来，
唱到鸡毛沉落海，唱到石头浮起来。

要唱山歌就来唱，唱到日头对月光，
唱到麒麟对狮子，唱到金鸡对凤凰。

遍地的山歌使长汀享有"山歌之乡"的美称。长汀客家山歌历来在福建省享有极高的声誉。长汀客家山歌千百年来作为劳苦百姓表达喜怒哀乐、抒发感情的一种重要方式，反映了长汀客家人的社会生活、思想感情和勤劳朴实的风貌，诉说了长汀客家人在封建社会里的痛苦，抒发了他们对美好生活的追求和对自由的向往。

长汀客家山歌具有鲜明浓郁的地方色彩，在漫长的社会生活中，由

● 客家山歌双人唱

于人们的相互交往，长汀客家山歌融合了粤东、赣南山歌的特点，但又始终保留了长汀客家山歌特有的风貌。长汀客家山歌有的抒情、悠扬、缠绵，令人回味无穷；有的高亢、嘹亮、激越，令人心潮澎湃！长汀客家山歌内容十分丰富，感情朴实无华，语言生动有趣，曲调流畅优美，是长汀客家文化艺术的结晶。长汀客家山歌源于山野田园，是黎民百姓的口头创作，经过祖祖辈辈的传承、充实，又不断得到丰富和发展，终于汇集成浩瀚如海的山歌，时至今日传唱不衰！

长汀客家山歌主要有反映爱情生活的爱情山歌，反映劳动情景的劳动山歌，反映苦乐年华的生活山歌，反映人民的政治理想和为理想而斗争的时政山歌和以历史人物、历史事件为主题的历史传说山歌。

爱情山歌

爱是文学艺术永恒的主题，同样，长汀客家山歌也有很多是反映爱情生活的。人们通过山歌的形式抒发男女间由敬慕、相爱而激发出来的思想感情，表现了爱情上的悲欢离合。例如男女初次相识，只能采取试探性的手法来表达相互爱慕之情：

十八老妹嘀嘀亲，浑水过河不知深。

丢个石子试深浅，唱支山歌试妹心。

把浑水比作女方的心，看不清摸不透，而女方就是不开口。男方着急了：

心想上天天咁高，心想恋妹妹咁刁。

铁打荷包难开口，石头破鱼唔似刀。

（唔：不。）

男方心情急切，他把女方的嘴巴比作铁打的荷包，多么盼望有一把利刀去破开它。其实，婚姻大事女方怎么能那么轻易就答应：

刀子斫柴蔡子蔡，老妹有事藏心下，

老妹唔曾同郎讲，好比杨梅暗开花。

一旦了解了对方，便架起了爱情的桥梁，女方再也不害羞了，便用最美的语言赞美心中的情郎，请看这首山歌：

十八亲哥笑融融，肉色笑起石榴红，

牙齿赛过高山雪，眉毛赛过两只龙。

多情的客家妹子，用"石榴""高山雪""两只龙"来美化心中的情郎。男方进一步唱道：

郎有心来妹有心，唔怕山高水又深。

山高自有人行路，水深自有摆渡人。

这时女方为了让男方放心，进一步表明了心迹：

六月食冰冷津津，老妹喊哥放下心。

亲哥好比杨宗保，老妹好比穆桂英。

男女双方都终于表明了自己的心迹，定情的礼物是不能没有的。在这里男女互送的定情礼物不是公子小姐的绣荷包，也不是富家子弟的金银珠宝，而是地地道道的长汀乡间种田人时刻也离不开的东西。请看女方送给男方的定情物：

郎有心来妹有心，做双草鞋打钩针。

鞋面斜起胡椒眼，鞋底打起鲤鱼鳞。

男方送给女方的是什么呢？

新买凉笠四块绸，送给老妹抵日头，

遮得日头挡得雨，唔怕大风吹烂绸。

接下来就进入了海誓山盟的阶段，男女双方相互吐露海枯石烂永不变心，同样是用山野常见的东西来打比方：

郎是山中千年树，妹是山中百年藤，

树死藤生缠到死，树生藤死死也缠。

但是，爱情是自私的，容不得半点虚假。长汀山区客家人，没有用陈世美来打比方，也不用"朝秦暮楚"这类文人常用的词语，他们同样是用农家特有的东西来打比方：

> 米筛筛米谷在心，有心恋郎心要真，
>
> 莫学米筛千只眼，要学蜡烛一条心。

男女双方结婚后，和睦相亲，患难与共。丈夫要出远门去做工了，妻子深情地叮嘱：

> 哥哥出门下广东，老妹叮嘱三五宗。
>
> 行路唔敢食冷水，挑担唔敢逞英雄。

以上是从恋爱到结婚成家各阶段的山歌举例，其实长汀的爱情山歌远远不止这些，实在是太丰富了！现录数首，以飨读者。

只想搭郎共一家

周二三月种藜瓜，五黄六月才开花，

百样老妹也不想，只想搭郎共一家。

不晓哪个结得成

三条大路一样平，不晓哪条过连城？

三个哥哥一般大，不晓哪个结得成？

十七十八正当时

十七十八正当时，如今不恋等几时？

再过两年人会老，黄金难买少年时。

蜜糖调水冇介甜

潮州席子嫩席沿，郎在壁下妹在沿，

睡到半夜讲句话，蜜糖调水冇介甜。

（冇：音 máo，客家话没有的意思。）

哥妹总有好运行

上的岭多有平路，落的雨多有天晴，

月光有个团圆日，哥妹总有好运行。

今朝见郎开了天

石壁浪荡种兜烟，叶子细细难见天，

介久唔曾见郎面，今朝见郎开了天。

丝线打起同心结

十八哥哥要想开，莫要想得一堆累，

丝线打起同心结，日子多端解得开。

郎打官司妹做呈

竹篙晒衫一展平，郎打官司妹做呈，

郎坐班房妹送饭，官司了哩又来行。

难得哥哥介有心

上盈盈来闹盈盈，难得哥哥介有心，

好比烧油淋蜡烛，唔曾下蜡入哩心。

老妹下山等情郎

日头落山黄又黄，老虎下山等猪羊。

狐狸下山等鸡鸭，老妹下山等情郎。

老妹冇福哥冇缘

天上乌云黑暗天，芒杆点火入郎间，

大风吹熄芒杆火，老妹冇福哥冇缘。

哥哥出门走瑞金

哥哥出门走瑞金，三身褂子带两身，

带哩两身有替换，留妹一身看开心。

难等哥哥聊风流

桐子开花球打球，难等桐子来打油，

难等桐油来点火，难等哥哥聊风流。

同胞姐妹冇介亲

吃碗冷茶冷在心，吃碗滚茶汗一身，

牵起衫角擦郎汗，同胞姐妹冇介亲。

郎着白褂妹着绸

高山杉树直溜溜，砍下杉树下潮州，

保佑潮州生意好，郎着白褂妹着绸。

手拿凉笠探亲哥

新买凉笠一个窝，手拿凉笠探亲哥，

153

亲郎探妹十八岁，老妹探郎二十多。

老妹回头望郎归

日头落山夜凄凄，手拿牛笼笼牛归。

牛嬷回头看牛崽，老妹回头望郎归。

心肝命儿水般鲜

扁担挑水软又软，哥哥面前歇一肩，

打开水缸看一看，心肝命儿水般鲜。

郎是日头妹是天

歇越添来聊越添，两人点火来吃烟，

食筒烟来不会夜，郎是日头妹是天。

哥哥送我洋布衫

上滩滩来闹滩滩，哥哥送我洋布衫，

哥敢做来妹敢着，大大方方出门行。

时时只想郎归家

哥哥出门妹在家，红烧猪肉吃唔下，

红烧猪肉吃唔落，时时只想郎归家。

一心留郎吃个昼

日头对顶当昼心，系起围裙端饭甑，

一心留郎吃个昼，又怕公爹起疑心。

哥不嫌弃就来恋

河中溪水曲曲弯，老妹住在村中间，

老妹就在村中住，哥不嫌弃就来恋。

山歌唔唱唔风流

山歌唔唱唔风流，八月茶籽打冇冒油。

郎打三下冇点出，妹打三下满山流。

以上所举的爱情山歌，只是长汀客家爱情山歌中的沧海一粟，其数量之多由此可见一斑。

劳动山歌

既然山歌直接产生于山乡田野，注定要表达劳动人民的思想感情，以及刻画他们春秋寒暑的劳动情景，因此长汀客家山歌中有相当多的劳动山歌。在绚丽多彩的劳动山歌中，客家人用歌声赞美劳动的喜悦，激发劳动的热情，使精神得到松弛和舒畅，如：

摘茶歌

春天茶叶嫩又鲜，姐妹双双走茶园，

满山茶树亲手种，满山茶树笑开颜。

春天茶叶香又香，茶山一片好风光，

自家种来自家采，心头甜来口里香。

满山茶树满山花，蝴蝶采花涯采茶，

上采好比鸡啄米，下采好比蝶恋花。

左采好比龙戏水，右采好比凤点头，

采得春风开口笑，采得青山笑点头。

一片茶叶香百家，赛过园中茉莉花，

今年采茶手提篮，明年采茶用箩筐。

姐妹生来手灵巧，长针换得红绒绒，

采茶好比绣金球，绣罢金球和哥恋。

和哥恋来和哥恋，哥妹一起走茶园，

今年采茶买戒指，明年采茶再来恋。

（涯：客家话我的意思。）

又如：

日头一出红彤彤，阿哥挑担一阵风。

老妹嫌郎方心等，老妹笑郎心介雄。

漫长的封建社会里，地主恶霸对种田百姓进行残酷压榨和剥削，许多长工辛辛苦苦工作了一年，过年时不但得不到分文工钱，反倒欠下东家的债。因此在劳动山歌中有许多表达了劳动人民对压迫的不平。

十二月长工

正月里来是新年，拿把伞子写长年，

涯要东家十二块，东家只出八块钱。

二月里来雨涟涟，东家吩咐去犁田，

上坵犁到下坵转，肚饥跌在烂泥田。

三月里来是清明，涯喊东家另雇人，

东家事情实难做，日里方歇夜方眠。

四月里来要做社，东家猪肉又打叉，

精肉肥肉涯冇份，骨头骨杂喂猪嬷。

五月里来是端阳，白叶裹粽喷喷香，

介多粽子厅堂挂，亏哩长工冇个尝。

六月里来热难当，日里下田夜碓糠，

三担砻糠碓完了，东家讲涯睡目到天光。

七月里来是立秋，东家喊涯割闲坵，

一日要割三担谷，累得长工命都休。

八月里来桂花香，东家喊涯扫墓堂，

拿起镰刀割墓草，想起家中泪汪汪。

九月里来是重阳，东家剪布做衣裳，

男大女细都做了，亏哩长工烂衣裳。

十月里来是立冬，牵只牛子去翻冬，

翻冬还要收稻草，一人要做二长工。

十一月里来雪皑皑，头上冇帽脚冇鞋，

朝晨冇个火笼烤，暗晡冇被亏哩涯。

十二月来又一年，辛苦一年冇文钱，

东家算盘嘀嗒响，倒欠东家八块钱。

长工苦，苦长工，一年辛苦一场空，

东家讲涯命注定，涯讲东家乌心肠。

（长年：长工契约；暗晡：晚上。）

又如：

十二月看牛

正月看牛雨霏霏，托行柴子背蓑衣，

朝晨碓哩斗半米，上昼下昼斫柴归。

二月看牛雨涟涟，牛子跑落别人田，

闲人见到冇要紧，东家见到扣工钱。

三月看牛三月三，赶只牛子并割青，

东家嫌涯青担细，涯割的青担唔比别人轻。

四月看牛四月四，想起爹娘好怄气，

涯的姐妹离得远，同胞兄弟不和气。

五月看牛五月节，东家吩咐挑担肥，

有气有力如似可，冇气冇力就倒撇。

六月看牛六月伏，看牛孩子出童汗，

麻子草鞋瑭瑭滑，铁打担杆两节断。

七月看牛七月节，东家留涯过个节，

闲时闲间发狠点，大年大节早点归。

八月看牛八月社，看牛孩子钻灶下，

托起火锹撩火灵，东家吩咐扫地下。

九月看牛九月九，逢着东家食好酒，

有好东家分你食，冇好东家赶你走。

十月看牛十月半，番薯芋子大大担，

日日三餐样般食，含紧目汁咬两行。

十一月看牛雪霏霏，看牛孩子好吃亏，

日哩冇个火笼灵，暗晡睡目盖蓑衣。

十二月看牛到哩年，拿起算盘算工钱，

有好东家拿清楚，冇好东家约明年。

（目汁：眼泪。）

在劳动山歌中还有一部分是用山歌来描绘劳动的情景，如《顺摘茶》：

顺摘茶

正月摘茶是新年，放落茶篓点茶钱，

茶钱要点十二篓，山主收租现交钱。

二月摘茶茶生芽，手攀茶枝摘茶芽，

郎摘多来妹摘少，多多少少摘回家。

三月摘茶茶叶青，茶树兜下绣花巾，

两边绣的茶花朵，中间绣的摘茶人。

四月摘茶日渐长，耽搁几多莳田郎，

莳得田来茶又老，摘得茶来秧又长。

五月摘茶茶叶浓，茶树兜下生茶虫，

多买金钱谢土地，土地唔灵亏茶农。

六月摘茶热难当，摘茶摘到两头暗，

当昼嘴燥肚又饥，摘把树叶遮阴凉。

七月摘茶秋风起，姐在家中织茶衣，

茶衣织哩三五件，留来冬下赴茶墟。

八月摘茶桂花香，茶树兜下等茶郎，

茶郎问姐几时嫁，要问茶神和爹娘。

九月摘茶是重阳，满山菊花满山黄，

郎在茶山多摘茶，姐在家中炒茶忙。

十月摘茶正立冬，十担茶篓九担空，

一担茶叶难交租，终年劳累做场梦。

十一月摘茶雪霏霏，挑担茶叶过江西，

茶郎沿街喊卖茶，姐在家中盼郎归。

十二月摘茶又一年，挑担茶篓接新茶，

上街接来下街转，上屋下屋约明年。

（嘴燥：口渴。）

159

通过这些山歌可以了解到封建社会里长汀客家人多种多样的劳动场面以及他们艰难痛苦的生活历程。

生活山歌

生活山歌是反映劳动人民各式各样的社会生活以及不同家庭生活的山歌。例如反映贫富不均、社会不公平、不合理的山歌：

> 作田人家实在穷，镰刀挂起米罂空。
>
> 屋下老鼠闹搬家，灶膛里头睡猫公。

> 哪个愁来方妹愁，着件烂衫方肩头。
>
> 日里洗衫方衫换，夜里洗衫方日头。

字字句句唱出了种田人的家庭困苦、生活的不平等，这一类山歌都以高度的概括、形象的比喻及朴实的语言，描写了社会生活的某一方面。例如《十二月急》：

十二月急

正月急，是新年，六亲三戚来拜年，

旧年唔曾蒸有酒，方把酒壶在桌前，

口说莲花也枉然。

二月急，是花朝，今朝急来急明朝，

今朝急来方米煮，明朝急来方柴烧，

身上方钱好心焦。

三月急，是清明，上家下屋祭祖坟，

有钱人家宰猪宰鸭祭，冇钱人家猪肉冇半斤，

家中冇钱好痛心。

四月急，是立夏，清早起来急到夜，

急到猫嬷变猫牯，急到生龙变死蛇，

想想冇钱好冇法。

五月急，是端阳，上家下屋食雄黄，

有钱人家雄黄调酒食，冇钱人家雄黄调滚汤，

食在肚中心唔凉。

六月急，正食新，有钱冇钱两样人，

有钱人家有人敬，冇钱人家人看轻，

心中想哩唔甘心。

七月急，七月半，别人烧纸我在看，

有钱人家三牲并酒礼，冇钱人家香烛冇一斤，

阴间阳间一般般。

八月急，是中秋，新亲老亲一下去，

新亲老亲去掉了，家中冇钱好急愁，

越思越想泪横流。

九月急，是重阳，上家下屋做衣裳，

上家做的毛哔叽，下家做的绸和缎，

可怜涯家布毛冇一斤。

十月急，是立冬，刚刚急哩三百工，

整整急哩三百夜，急到腰驼背又弓，

想起冇钱落威风。

十一月急，雪霏霏，寒风雨雪又来哩，

日哩急来冇衫着，夜哩急来冇棉被，

暗晡冇被盖蓑衣。

十二月急，又一年，辛辛苦苦唔曾赚到钱，

兄弟子嫂不和气，叔婆伯娌行唔前，

喊涯样般过得年。

（样般：怎样。）

封建礼教及婚姻制度，衍生了许多怪现象。在封建社会漫长的历史长河中，长汀十分盛行抱养等郎妹和童养媳，由此产生了大老婆、小丈夫这样变态的社会现象，给许多天真烂漫的女子带来终身的悲剧。如：

十八老妹三岁郎，屙屎屙尿抱上床，

抱在手上七斤重，放在床上一尺长。

廿岁大姐七岁郎，夜夜睡目抱上床，

等到郎大姐已老，等到花开叶已黄。

等郎妹和童养媳在家中没有地位，她们肩负着家庭生活的重担，却天天挨打受骂，过着猪狗不如的生活。

童养媳，好艰难，夜冇床铺睡牛栏，

跳蚤搭涯做游戏，蚊子陪涯讲笑谈。

生活山歌是多种多样的，有妻子劝丈夫的《十劝郎》，也有丈夫劝妻子的《十劝妹》。

十劝郎

一劝郎，夜刚静，莫拿娇莲挂在心，

莫拿娇莲心中想，越想娇莲越伤心，

日后丹伤问何人？

二劝郎，燕子飞，燕子飞来有高低，

劝郎莫做浪荡子，今日东来明日西，

肚中饥饿冇人知。

三劝郎，笑嘻嘻，劝郎归家要讨妻，

劝郎归家妻要讨，打是娇莲骂是妻，

目汁双流洗郎衣。

四劝郎，四四方，劝郎归家耕田庄，

劝郎一心要归正，哪有贪花带子归，

唔敢打伤别人妻。

五劝郎，端阳时，如今回头唔会迟，

如今唔是六七十，肩能挑来手能提，

老哩来改会吃亏。

六劝郎，劝得高，南山赛过北山高，

久闻南山好种食，半年辛苦半年闲，

年轻唔做老哩难。

七劝郎，莫赌钱，赌钱行中莫行前，

赌钱行中莫去了，三人坐到四人心，

手上冇刀会杀人。

八劝郎，百花开，年轻时节要长财，

哪个嫖客到得老，哪个赌仔发哩财，

再好的情意要去开。

九劝郎，九重阳，别人老婆冇久长，

别人老婆冇商量，芒杆点火眼前光，

反面无情唔认郎。

十劝郎，劝得多，句句话语劝情哥，

如今世上人心坏，君子莫记小人过，

劝郎行善莫行恶。

（丹伤：肺痨病；长财：存钱。）

十劝妹

一劝妹，要在家，唔敢上家聊下家，

上家有个懒尸嫂，下家有个药食嬷，

聊坏心思害自家。

二劝妹，要顾家，在家做鞋并绣花，

一来打扮丈夫面，二来打扮你自家，

打打扮扮两朵花。

三劝妹，要种田，园中有菜好卖钱，

唔敢去学坏样子，后生贪花名声坏，

老哩冇子得人嫌。

四劝妹，要顾家，唔敢朝日走外家，

恐怕路上碰到恶男子，唔是打劫就采花，

弄到疾病害自家。

五劝妹，要长情，恋郎只敢恋一人，

恋郎只敢恋一个，恋到两个打死人，

打出事来问何人？

六劝妹，正食新，郎有情来妹有情，

哥哩有情赛过杨宗保，妹哩有情赛过穆桂英，

两人有情赛过天下人。

七劝妹，是立秋，郎更穷来妹较有，

妹有铜钱借郎用，借来借去一般有，

两条河水更长流。

八劝妹，八月乌，老妹好比何仙姑，

哥哩好比洞宾样，洞宾对着何仙姑，

情意再好非丈夫。

九劝妹，久久长，劝妹回家要积粮，

一年只有一回割，积少成多万石仓，

恐怕明年闹饥荒。

十劝妹，劝完全，劝妹回家要省钱，

挣到钱财来做屋，石板搭桥万万年，

两人坐下笑连连。

（药食：贪吃。）

还有一些人们在社会生活中总结出来的为人处世的道理：

别人老婆别人妻，眼中饱来肚中饥。

纸扎洋船难过海，壁上画饼难充饥。

还有一些是带有哲理的，如：

木匠师父难造走马楼，铁匠师父难打钓鱼钩，

石匠师父难打石狮子，山歌好唱难起头。

生活山歌还有唱景的，唱山水的，唱家乡的，唱各种生产生活用具的，唱动物的，种类很多。

165

时政山歌

时政山歌表现了人民的政治理想和为理想而斗争的精神。古往今来，人民在生活中感到不平，就会予以揭露和抨击。如：

天下最苦是工农

天下最苦是工农，着的衫袄补千重，

三餐食的猪狗饭，住的屋子尽窟窿。

只怨头上三座山

唔怨地来唔怨天，唔怨命歪冇人缘，

只怨头上三座山，压哩工农几千年。

郭凤鸣是大流氓

郭凤鸣是大流氓，自封旅长霸一方，

奸淫烧杀心肠狠，发家全靠抢一场。

这些山歌是劳动人民对反动统治阶级的剥削手段、贪婪的性格无情的揭露，表达了生活在水深火热之中的人民渴望翻身解放的强烈愿望。

长汀是红军的故乡，长汀人民有光荣的革命传统。在土地革命战争时期，长汀是中央苏区的重要组成部分，长汀古城是中央苏区第一市——汀州市，是中央苏区的经济中心，被誉为"红色小上海"。在如火如荼的革命斗争中，长汀人民跟着毛主席，跟着中国共产党，前赴后继、英勇不屈、红旗不倒，与反动统治阶级展开了殊死的斗争。在长汀这块红色的土地上涌现了大量的苏区山歌，这些革命山歌犹如满山盛开的红杜鹃争奇斗艳。

穷人跟定共产党

雨后禾苗青又青，十五十六月更明，

穷人跟定共产党，赛过孩子跟娘亲。

羊角花开满山红

羊角花开满山红，长汀来哩毛泽东。

领导工农闹翻身，分田分地乐无穷。

好在红军来汀州

三只乌鸦叫得沉，叫得汀州唔太平，

好在红军来汀州，打死疤佬郭凤鸣。

打死郭匪楼梯扛

红军出发东陂岗，火烧渐门浪荡光，

长岭寨上打一仗，打死郭匪楼梯扛。

红军浩荡入长汀

乌云重重唔见天，苦海茫茫唔见边，

红军浩荡入长汀，云开雾散见晴天。

竹筒吹火火焰红

竹筒吹火火焰红，拥护朱德毛泽东，

男人参军上前线，妇女下田比英雄。

朱德打得汀州破

风吹竹叶响叮当，旧年红军涂坊上，

朱德打得汀州破，打得敌人一扫光。

工农红军爱穷人

工农红军爱穷人，帮助穷人打豪绅，

千年苦水一口吐，仇要报来冤要伸。

田哩豆子开红花

田哩豆子开红花，红军来哩笑哈哈，

土豪劣绅都打倒，岭岗土地回老家。

红军一到打土豪

红军一到打土豪，穷人日子步步高，

好比竹根长春笋，好比芝麻开花苞。

苏区一片好风光

风吹竹叶响叮当，苏区一片好风光，

打倒豪绅分田地，种好田地支前方。

苏区政权像朵花

苏区政权像朵花，花根扎在穷人家，

贫苦人民有了觉，翻身做主掌天下。

各地建立苏维埃

斧头唔怕扭丝柴，红军唔怕反动派，

领导工农来暴动，各地建立苏维埃。

一朵鲜花红又红

一朵鲜花红又红，感谢恩人毛泽东，

人人拥护共产党，保卫苏区当红军。

韭菜开花一管心

韭菜开花一管心，剪掉髻子当红军，

保护红军万万岁，劳动妇女得翻身。

韭菜开花一管心，剪掉髻子当红军，

保护红军久久长，彻底解放妇女们。

好送亲郎当红军

汀江河水清又清，妹送亲郎当红军，

保护"朱毛"红军万万岁，妹在家中苦死也甘心。

红军同志顶呱呱

红军同志顶呱呱，冲锋在前带了花，

一心一意养好伤，重返前线把敌杀。

割撇髻子当红军

韭菜开花一管芯，割撇髻子当红军，

保护红军万万岁，死落阴间也甘心。

红军穷人永不分

鱼爱水来鸟爱林，穷人爱的是红军，

红军穷人永不分，好比骨头连着筋。

石榴开花心里红

石榴开花心里红，哥当红军妹来送，
早日消灭反动派，转来再把婚事成。

军民齐心反"围剿"

深山黄竹根连根，红军搭涯心连心，
军民齐心反"围剿"，生产支前向前进。

打起游击心更坚

脚踩青山头顶天，打起游击心更坚，
杀头好比风吹帽，坐牢好比游花园。

苏区时期的革命山歌，洋溢着长汀客家人的革命激情，鼓舞人民的革命斗志，歌颂革命领袖，战斗性强，成为宣传革命，鼓舞人们踊跃参加红军、支援红军打天下的有力工具。长汀苏区时期的客家山歌在福建省独树一帜，享有极高的声誉。

新中国成立以来，长汀客家山歌歌颂共产党、歌颂社会主义、歌颂党的方针政策，洋溢着鲜明的时代气息。

解放来哩好得多

解放来哩好淂多，厅下中间敢唱歌，
婚姻可以自做主，男女老少笑呵呵。

青年当兵学雷锋

新做红旗红彤彤，青年当兵学雷锋，
做颗革命螺丝钉，为国为民树新风。

"四人帮"是害人虫

屎窖苍蝇闹嗡嗡，"四人帮"是害人虫，

投机钻营拉帮派，危害革命唔能容。

政策落实好得多

政策落实好得多，农家妇女唱山歌；

生产责任发到家，年年丰收心里乐。

多谢小平出计谋

有本唱歌唔要愁，郎企高台妹登楼，

中央政策订得好，丰衣足食样样有。

样样有呀样样有，多谢小平出计谋，

雕龙画凤全靠党，安乐日子在前头。

如今农村变了样

如今农村变了样，电灯亮来广播响，

农民夜校学科技，俱乐部里歌声扬。

历史传说山歌

　　历史传说山歌即历史山歌，是以历史上的人物、事件以及传说为主题的山歌。有长篇山歌，也有短小四句的山歌。如长篇的竹板山歌《赵玉林与梁四珍》可以连续唱两个小时，把整个故事情节从头到尾唱下来，唱出赵玉林与梁四珍的悲欢离合，十分吸引人。再如《孟姜女》，这首长篇山歌十分生动地描写了孟姜女千里寻夫、哭倒长城八百里这个家喻户晓的历史故事。而《十二月古人》只有十三段，每段四句唱一位历史人

171

物，依次是王状元、吕蒙正、王昭君、杨六郎、赵子龙、楚霸王、孟姜女、李三娘、关云长、孟宗、甘罗、韩公、杨宗保，虽然每个人物只唱四句，但都高度概括了这个历史人物的主要历史事实，好记易懂。历史传说山歌，好比通俗的历史书，代代传唱，家喻户晓。

十二月古人

正月里来是新年，抱石投江金玉莲，

脱下花鞋为古记，连叫三声王状元。

二月里来龙抬头，小姐南楼去绣球，

绣球单打吕蒙正，蒙正台上正风流。

三月里来三月三，昭君娘娘去和番，

回头看见毛延寿，手拿琵琶马上弹。

四月里来日又长，镇守三关杨六郎，

冲锋陷阵是焦赞，使用计谋是孟良。

五月里来莲花红，三国出了赵子龙，

百万军中抢阿斗，万人头上称英雄。

六月里来热难当，汉朝出有楚霸王，

霸王自杀乌江死，韩信功劳在何方？

七月里来秋风起，孟姜女子送寒衣，

寒衣送到京城外，哭倒长城八百里。

八月里来桂花香，房中推磨李三娘，

李氏夫人来替死，判官小鬼奏君王。

九月里来是重阳，单刀赴会关云长，

过了五关斩六将，擂鼓三通斩蔡阳。

十月里来是立冬，孟宗哭竹在山中，

孟宗哭竹冬生笋，郭巨埋儿天赐金。

十一月里北风狂，甘罗十二为丞相，

甘罗十二年纪小，姜公八十遇文王。

十二月里又一年，韩公走雪真可怜，

回头看见韩湘子，雪拥蓝关马不前。

十三月里又逢春，杨家出了一支兵，

杨家出了杨宗保，大破天门穆桂英。

十字歌

一字排来一条龙，单人独马赵子龙；

二字排来隔条河，宋朝出有杨令婆；

三字排来有长短，桃园结义刘关张；

四字写来四四方，私下三关杨六郎；

五字写来盘龙踞，五虎平西是狄青；

六字写来金钩框上挂，说服六国是苏秦；

七字写来右弯转，七仙姑娘下凡来；

八字写来两边排，八仙过海吕洞宾；

九字写来倒弯转，张公九代不分居；

十字写来串中心，十年兴败几多人？

一九二九年斗争歌

正月里来梅花香，红旗飘飘军号响，

毛委员和朱军长，率领红军下井冈。

二月里来雪飞飞，工农红军显神威，

大柏地呀打一仗，赣敌士毅狗命危。

三月里来气象新，红军浩荡入长汀，

郭逆凤鸣不量力，长岭寨上命归阴。

173

四月里来禾苗青，红军转战到于兴，

赣南各地大暴动，刘逆方路守孤城。

五月里来好天气，蒋桂战争南方起，

红旗飘飘过汀江，星火燎原遍闽西。

六月里来荷花鲜，红军二度到龙岩，

打淂陈国辉只身逃，一败涂地哭皇天。

七月里来稻子黄，农民收割忙进仓，

唔完租谷唔还债，贫苦农民喜洋洋。

八月里来秋风凉，加紧训练上操场，

多把本领操练好，来日革命力量强。

九月里来离闽西，经过平宜到安溪，

回师打败张贞部，枪炮子弹运来归。

十月里来回龙岩，千万工农笑开颜，

上杭铁城一鼓破，卢匪新铭目翻翻。

十一月里满天霜，红军越战越坚强，

领导工农闹暴动，劳苦大众淂解放。

十二月里过新年，红军奋斗庆凯旋，

古田会议开淂好，军民联欢乐无边。

（目翻翻：眼睛翻白。）

山歌特点

　　长汀客家山歌具有浓郁的长汀地方色彩，运用长汀客家语言演唱，押韵顺口，言简意赅，富有生活情趣和乡土气息，其最大的特点就是运用比、兴的手法，将生活中普通的常识、常见的事物作比、起兴，引申出深刻的道理。如："米筛筛米谷在心,有心恋郎心要真""六月食冰冷津津,老妹喊哥放下心""红米煮粥满锅红,两人合意不怕穷",以上这些前一句是比兴,后一句才赋予真正的思想内容。也有的前两句作比、兴,后两句才表达真正内容意思,如:"石灰撒路白白走,冷水泡茶慢慢浓,只要涯们有志气,唔会一世都受穷。"也有前三句作比、兴,最后一句才是真正的内容,如:"木匠师傅难造走马楼,铁匠师傅难打钓鱼钩,石匠师傅难打石狮子,山歌好唱难起头。"还有一种是先唱出真正意思,然后才作比、兴,如:"老妹有事唔曾讲,好比杨梅暗开花。"另有一种是头尾都是比、兴,中间一句才是真正意思,如:"日头当顶在天中,唔曾相约介心同,老妹好比量天尺,涯哥好比时辰钟。"

在长汀客家山歌中,除了大量运用比、兴手法以外,还运用比喻和夸张的手法。比喻和夸张,使抽象的事物变成具体,使意识的东西变成形象的东西,使平淡变成神奇,使一般变成绝妙。例如把哥比喻成"树",把妹比作"藤",用"杨梅暗开花"比喻姑娘将心里话藏在心底,用"蜡烛一条心"比喻男女双方同心同德,用"量天尺"和"时辰钟"比喻不约而同准时来相会,用"石榴红"比喻人有脸色。把白色的牙齿夸张成"高山雪",把眉毛夸张成"两只龙",将很善于唱山歌夸张成"唱得鸡毛沉落海,唱得石头浮起来"。这些随口唱出来的村野俚语起到了画龙点睛的作用,随手拈来,妙趣天成,十分自然贴切,毫不生搬硬套,于朴实无华中展现出千姿百态的形象、多种多样的风格。这是任何大文豪、大学者于书斋中难以写出来的。

长汀客家山歌基本上是七字句,每首四句。即使较长的山歌,也是由多段的四句组成。由山歌衍生出来的竹板歌也有五句一段的,但是出于抒发某种感情的需要,有些歌唱者在第三句之后加上一个短句,"心肝哥"之类,加与不加完全取决于歌唱者演唱的需要,主要起到了烘托感情的作用。如:

刀子斫柴蔤子蔤，

老妹有事藏心下，

老妹唔曾同郎讲，

（心肝哥），

好比杨梅暗开花。

　　除了加短句外，长汀客家山歌还使用助词，助词本身没有任何含意，完全起装饰作用，有了助词，山歌变得华丽多彩。长汀山歌常用的助词有：介时、介就、格、呀、噢、哎，等等。利用"哎嗨哟"或"噢——喂！"表示山歌唱完，并起着与对方呼应的作用。"介时""介就""格"等都用在句子中间换气时，语句非常短促，而"噢""哎"都用在句尾，语句可以由唱山歌者随意延长。例如：

你要唱歌（介就）就来唱，

唱到（格）日头对月光（噢——喂！）

唱到（格）麒麟对（呀）狮（呀）子，

唱到（格）金鸡（介就）对凤凰（噢——喂！）

　　长汀客家山歌的曲调多种多样。由于方言的差异、地理环境的不同，大致可以分为以长汀城、新桥乡、大同乡为主的城区；以馆前镇、童坊乡为主的汀东区；以河田镇、南山乡、涂坊乡为主的汀南区；以四都乡、濯田乡为主的汀西区。而同一个曲调可以由歌唱者即兴填入无数的歌词。

　　长汀客家山歌大多数是对唱的形式，樵夫农妇，一唱一和、一问一答。漫游村寨山野深山密林之中，这山唱来那山和，溪头问来溪尾答，茫茫空谷，山歌回旋飘荡，实在令人心醉神迷！如遇重大喜庆之日，村与村，街与街，唱山歌打擂台，万人涌动，好不壮观！长汀客家山歌不愧是一枝绚丽的奇葩，是客家文化的瑰宝。

山歌美学

长汀客家山歌中对大自然的赞美，对大千世界一草一木所充满的无限感情，对家乡土地的无比热爱，都充分地展示了长汀客家山歌人与自然和谐共处的无限妙趣。

对动与静的描绘。动的方面如："春天茶叶嫩又鲜，姐妹双双走茶园，满山茶树亲手种，满山茶树笑开颜。"这是充满着动感的一幅画面：漫山遍野的山茶树都长出了新嫩的芽儿，我们似乎看到客家妹飘逸的身姿，双手飞快采茶的动作以及茶山中的欢声笑语。客家妹子对茶树"笑开颜"的那句描述，使大自然之美被形容得恰到好处。客家地区广种山茶，不仅是自用之需，也是经济来源之一。大自然赋予人们甘美的茶叶，也深刻地影响了茶农们的审美观。

动的方面还如："日头落山又一工，鸡嬷带崽入哩笼，读书哥哥放哩学，看牛孩子好收工。"这是一幅长汀客家山区每天都可见到的"夕阳归家图"，乡土气息跃然纸上。黄昏的时候人们终于完成了一天紧张的劳作，读书、放牛的孩子在夕阳中回到家里，母鸡入了巢，山村又一个夜晚即将来临。短短四句歌谣，人们似乎看见了暮色朦胧中山村里炊烟袅袅，呼鸡寻狗、赶猪笼牛的农家之景，听到呼唤孩子回家之声，一幅动感十足的人们与自然和谐共处的图画跃然纸上。

静的如："好久唔曾到这条坑，鸟儿冇叫妹冇声，鸟儿冇叫是入了薮，老妹冇声是隔条坑。"静静的山谷，连鸟儿的声音也没有，更别说心上人的山歌声了。我们似乎看见了在空谷中，一个男人孤独的身影，他茫然四顾，真是静得可怕。再看这一首："日头落山夜凄凄，手拿牛笼笼牛归，牛嬷回头望牛崽，老妹回头盼郎归。"日头已经下山了，妹妹在山道上牵着牛无言地回家来，母牛不时回头望着牛崽，妹妹不时回头盼望郎哥快点归来。妹妹的万般激情，都被隐藏在日落黄昏的凄凄夜色之中了，一切都显得那么寂静无声。长汀客家山歌动与静的对比凸显出了自然之美，是客家山歌中美学的重要部分，这一类的山歌数量相当多。

对色彩的描绘。在长汀客家山歌中对色彩的描绘数不胜数。大自然赋予万物各种色彩，在歌唱大自然的山歌中，色彩之美必然成为客家山歌必不可少的吟诵对象。比如"羊角花开映映红，两人相爱不怕穷""清明时节艳阳天，桃红柳绿正当鲜""油茶开花一片黄，十八老妹恋情郎""羊角开花满山红，长汀来哩毛泽东""一朵鲜花红又红，感谢恩人毛泽东""满山绿竹根连根，石榴结籽心连心""三月桃花满山红，妹是水来哥是龙""豌豆开花红在心，苏区人民想红军""山上青松根连根，党和人民心连心"等等，数不胜数的客家山歌都是以自然界的色彩作为山歌的起首句，而这些色彩均源于长汀的山山水水，一草一木。长汀客家山歌中的桃、柳、松、竹、梅、兰、菊、麦田、稻田、油茶、日头、月亮、云彩等构成了五彩斑斓、美不胜收的色彩之美。

对自然风光及家乡的描绘。歌颂大自然、歌颂家乡的长汀客家山歌比比皆是，自然美和家乡美是长汀客家人引以为豪的，是客家山歌的主要构成因素。比如歌唱自然美的："一坡过了又一坡，满坡竹子尾拖拖""桐子开花球打球，深秋桐子好打油""春天茶叶香又香，茶山一片好风光""山上青松排对排，老妹只等情郎来""过了一山又一山，竹山处处好风光""风吹竹叶满山飞，处处竹兜接竹尾""韭菜开花一管心，剪掉髻子当红军"等等。以上这些对自然风光的赞美，为我们展现了一幅幅长汀山乡大自然的美景，山歌中的美学就在我们日日相伴的山水之间。歌唱家乡美的如："风吹竹叶响叮当，老妹家住荷花塘""村口路边桂花香，石灰粉壁是家乡""三月桃花树树鲜，老妹住在大路边""新盖瓦屋门朝东，屋里厅堂挂时钟""风吹竹叶响叮当，苏区一片好风光""如今农村变了样，电灯亮来广播响""新打镢头角开叉，分田到户喜农家"，等等。在这些对家乡歌颂的山歌中，家乡美溢于言表。客家人对大千世界都充满着无限的感情，对生于斯长于斯的土地家园无比热爱。虽然这些大多出现在山歌的起首两句，但正是这起首两句，是客家人发自内心的有感而发。他们的家乡正是在青松翠竹、桃花绿柳之间，他们祖祖辈辈居住的是石粉瓦屋。无论是情歌、劳动歌还是生活歌、儿歌都大量出现这些歌颂大自然、歌颂家乡的句子，为我们描绘了一幅人与自然和谐共处的美丽画面。

长汀客家山歌之所以感人至深，给予人们一种人生处世中的优美佳境，主要就在于客家人有代代相传的做人标准规范，进而形成了美好人生的价值取向。长汀客家山歌中对人生的阐释，正是源于客家人的这种人生标准。

对爱情执着追求。"周二三月种蔾瓜，五黄六月才开花，百样老妹也不想，只想搭郎共一家。"再如："生要连来死要连，唔怕官司打到衙门前，杀头好比风吹帽，坐牢要比游花园。"前者叙述的客家妹只要能实现"搭郎共一家"的人生目标，什么都可以舍去，"百样老妹也不想"，只要能把自己托付给心爱的男人就可以了，其余都是无关紧要的。后一首表现了客家妹子在爱情的追求中认定了自己中意的男人，便毫不犹豫地去爱去恋，有天大的危险也不在话下了。用"杀头好比风吹帽，坐牢好比游花园"来比喻对爱情的追求，谈恋爱的红颜少女，简直成了勇上战场的巾帼女英雄了。

对未来的憧憬。"荷车子，荷呀荷，唔要笑我冇老婆，再过两年讨一个，牵手搭脚两公婆。"在封建社会里，盖房子、讨老婆、生孩子被称为男人一生的三件大事，这样的人生追求深深地根植于人们的心中，成为人们追求的理想。

对人生价值的取向。"人家富贵我唔贪，哥哥贫穷我唔嫌，竹笋拿来清水煮，无盐无油也清甜。""妹妹不嫌哥哥穷，阿哥好比月月红，九冬十月霜雪大，等到春来叶就浓。"虽说以上两首是典型的情歌，但是这鲜明地体现了客家人在爱情上的价值取向。"嫌贫爱富"历来为中华民族所唾弃，"人品"在爱情中占据最主要的位置。只要两人相爱，穷又算得了什么，纵使是清水煮笋，"无盐无油也清甜"。心爱的人好比月月红，他不会一生一世都穷，"等到春来叶就浓"。

对劳动的热爱。"日头一出红彤彤，阿哥挑担一阵风，老妹嫌郎无心等，老妹笑郎心介雄。"这表现了一男一女两人挑担你追我赶的情景。女的终究不如男的，男的一阵风似的挑着担儿走在了前面。女的怎么也赶不上了，便责怪男方：阿哥啊阿哥，你快似一阵风，妹妹我怎么能赶得上你呢？你怎么不等我一块走啊？你心那么雄，挑担可不是轻松的活儿呀！这首长汀客家山歌丝毫看不到挑担的劳累与艰辛，在欢声笑语中早把苦累抛到了九霄云外。再比如："过了一山又一山，深山砍竹做扁担，新做扁担两头软，越挑心里越喜欢。"以前人们提起挑担或者提起扁担总是将其与苦难、辛劳联系在一起，这首长汀山歌却从客家人爱劳动的天性出发，描写挑担人有节奏的脚步，扁担上下抖动，颤颤悠悠，步履也轻松了，肩上的担子也轻了，真有越挑越喜欢的感觉，一扫苦累的愁容。再如："春光一到春耕忙，田里犁耙响叮当，山歌唱绿溪边柳，热气化掉地上霜。"一年之计在于春，繁忙的春耕，田野里犁耙叮当作响，山歌声此起彼伏，虽然还是春寒料峭，但河边柳树抽绿芽儿，地上的晨霜也融化掉了。

长汀客家山歌以其丰富的想象、淳朴的词句和身临其境的感受，以自然写实为主，弘扬人类爱美求真向善的意愿，处处体现出人性之美。客家山歌的人性美，集中体现在对真善美的追求，对丑恶的鞭笞，恪守祖辈相传的为人处世的准则和行为规范，处处展现了与生俱来的同情与怜悯之心及痛彻心扉的心理感受等方面。

对真善美的追求。"石头浪荡石壁岩，唔曾搭郎先出名，叔婆伯娌教妹话，放雄心肝搭郎行。"在传统社会里，在男女爱情题材的作品中，山歌中的妹妹很苦恼，还未真正恋爱就已经名声在外，"唔曾搭郎先出名"，传得沸沸扬扬，人言可畏，这位妹子怎么办呢？这时，作为长辈的叔婆伯娌们向她伸出了援助之手，鼓励她大胆去爱，叔婆伯娌教她"放雄心肝搭郎行"。在传统社会里，在男女爱情题材的作品中，通常我们所看到的长辈，都被描绘成传统封建礼教的卫道士，她们用"父母之命、媒妁之言"来严加管束子女，致使多少青年男女成为封建婚姻的牺牲品。然而这首客家山歌中的"叔婆伯娌"，鼓励少女们"放雄心肝"去自由恋爱的惊世骇俗之举，令人肃然起敬！其实叔婆伯娌们也有过如花似玉的少女时代，她们对封建包办婚姻有过切身的体验，所以最能理解热恋中少女的心情。人性美的光辉被表现得淋漓尽致。

再如："竹篙晒衫一展平，郎打官司妹做呈，郎坐班房妹送饭，官司了哩又来行。"这首长汀山歌不仅仅表现了爱情的忠贞，而且向世人宣示了一种女方与生俱来的人性之美，有了感情可以战胜一切人间苦难，这些苦难包括家庭经济的困苦、亲人的病痛、事业的挫折以及杀头坐牢等灭顶之灾。

对强烈心理感受的描绘。"死瘟鸡来死瘟鸡，唔到三更你就啼，害得我郎走夜路，一脚高来一脚低。"对这首山歌的理解历来有两种说法。一说这是一对新婚夫妻，公鸡还不到三更就啼叫了，丈夫以为天亮了赶紧起床去做工，弄得丈夫因天黑走夜路双脚高低不平乱踏。另一说这是一对恋人在偷情，还在缠绵之际，忽闻公鸡报晓，情哥哥大惊，立即起床趁夜离开。无论是新婚夫妻也罢，还是男女偷情也罢，都表达了此时此刻因鸡叫使心上人离去而恼怒的心态，所以会大骂"死瘟鸡"了。唐诗"打起黄莺儿，莫叫枝上啼，啼时惊妾梦，不得到辽西"与这首山歌有异曲同工之妙，那种渴望爱情的心理感受被表现得再明显不过了。

对社会丑恶现象鞭笞。"十八老妹三岁郎，屙屎屙尿抱上床，抱在手上七斤重，放在床上一尺长。"这首是长汀著名的等郎妹山歌，老妻少夫

是封建社会礼教和婚姻制度衍生出来的怪现象，给妇女造成极大的心灵创伤，多少妇女成了封建礼教的牺牲品。"廿岁大姐七岁郎，夜夜睡目抱上床，等到郎大妹已老，等到花开叶已黄。"长汀客家山歌对这一类的社会丑恶现象给予了无情的鞭笞，给予那些受害的妇女极大的同情，真可谓字字血、声声泪，这种与生俱来的同情心，正展现出了人性美的光辉。

客家山歌中的《十二月长工》和《十二月放牛》流传广泛，影响十分深远。这两首山歌以十二个月的方式叙述了长工和牧童的辛酸经历，围绕主人公的命运把长工和牧童在地主家所受的风霜雨雪、饥寒交迫，以季节和农事变化为主轴，层层递进，读来令人心酸。

长汀客家山歌的语言闪烁着独特的光辉，这是来自山野的质朴语言。大胆的夸张、形象的比喻，俗中见雅、粗中有细，看似荒谬却合情合理。语言之美，使长汀客家山歌的美学内涵得到了升华。这些由客家人随口唱出来的山歌，无论是比喻、夸张、借代、拟人等都十分自然贴切和准确，毫不生搬硬套，于朴实无华中展现出千姿百态的形象和多种多样的风格。

反其意而用之。"扁担挑水软又软，阿哥面前歇一肩，打开桶盖看一看，心肝阿哥水般鲜。"最妙的是最后一句"心肝阿哥水般鲜"。通常人们都把女人比作水，因为水最柔，柔情似水是女人的专利。客家人唱山歌却不管你这个专利，你可以把水比作女人，我为什么不可以把水比作男人？年轻小伙子英俊、美貌，鲜活得惹人喜爱，不正是和井水一般清纯吗？而且在阿哥前面还要加上"心肝"二字，更显得疼爱有加了。

循声见情，情在声外。"门前莲开并蒂花，哥妹相约屋背岭，哥哥装作竹鸡叫，妹妹装作画眉声。"哥妹相约在屋背岭会面，晚上雾重，月色朦胧怕认错了人，怎么办呢？于是约定了会面的暗号：哥哥装作竹鸡叫，妹妹装作画眉的声音。这真是令人拍案叫绝！在淡淡的夜色树林中，这边"叽叽叽"竹鸡在叫，那边回应"咕咕咕咕"画眉的声音，随着叫声越来越近，一对情侣掩嘴而笑，他们相拥在一起。这首山歌运用山区的鸟声为我们营造了多么美的爱情意境啊！

通俗朴实的用词。"恋郎唔到好忧愁，好比天上无日头，食茶好比食药水，食饭好比吞石头。"失恋的少女是怎样的痛苦呢？一是好比天上没了太阳，没有太阳就没有了世间的一切。二是将喝茶比作喝药水，药水是苦的，极难吞咽。三是将吃饭比作吞石头，石头怎能吞下肚呢？长汀农村姑娘没有更多的词汇来表达自己的痛苦，只能用这些粗俗的、没有任何文采的比喻来抒发自己的苦楚。但是，没有雕琢的玉还是玉，没有文采的比方却再准确不过地将她心中难言之痛表达得淋漓尽致，这些通俗的比方，除了留给人们浓郁的乡土之美外，哪里还有什么粗俗呢？

毫无装饰的大白话。"送郎送到丝茅坪，手掐丝茅喊郎慢慢行，石子浪荡喊郎鞋要着，细雨蒙蒙喊郎伞要擎。"这是一首送郎歌，妻子叮嘱丈夫在茅草丛生的路上要慢慢行走，路上尽是石子要穿上草鞋，天下着小雨千万要打伞。四句山歌没有"爱你""想你"或者"不要采野花"等时髦话语。眼前的这些嘱咐：慢些走，要穿鞋，要打伞，这类的大白话，难道不比那些空泛其词的"想你""爱你"要强千百倍吗？客家山歌语言之美不就在这些平白、朴实的语言之中吗？

许多优秀的长汀客家山歌，之所以感人至深，时隔千年百载仍然能引起人们的共鸣，就在于长汀山歌中对世间善恶的分辨和扬弃，对生活的反映，对情感的抒发，传承着祖祖辈辈客家人固有的求真、求善、求美的愿望。

第四章

走出汀江

| 大美汀州 | 客家首府 |

汀州是客家民系重要的聚散中心，它既是客家民系的最后形成地，也是汀州客家人走向世界、开辟新家园的出发地。从宋代至清末、民国初年，在这漫长的历史长河中，汀州客家人或因人口膨胀，另辟新家；或因经商创业，远走天涯；或因战乱兵燹，背井离乡。他们回迁赣南、南迁粤东、西迁川渝、播迁台湾，大踏步走向世界，谱写了一曲客家人迁徙的悲壮之歌。

第一节
汀江起航

汀江孕育了客家人，繁衍了客家民系，饮水思源、慎终追远，汀江被称为"客家母亲河"。

自宋代开通了汀州至潮州的汀江航运后，汀江成为闽粤水路交通的大通道，汀江流域的客家人，吃苦耐劳，勇往直前，在这块神奇的土地上发展生产，建设美好家园。他们又以这块客家民系的最后形成地为依托，在汀江扬起新的风帆，走出山门，走向海洋，走向世界。

南宋末年，历经元明，再到清末，六百年沧桑。在这漫长的岁月里，汀江流域人口急剧增长，耕地有限、人多地少的矛盾日益显现，而且灾荒频繁，战乱不断。面对极为艰难的生存环境，已经与当地居民融合在一起的客家人又一次选择了迁移。他们一批又一批，别妻却子，携妇将雏，告别母亲河，离开扎根多年的家园，沿着汀江两岸向外扩散播衍，寻找新的生活空间，寻求新的发展机遇。他们有的南下粤东，有的回迁赣南，有的移居川桂，有的渡海台湾，有的出洋过番。

客家人第一次大量沿汀江外迁是在宋末元初抗击蒙古军入侵时期。赵宋王朝的建立，结束了五代十国大分裂的局面，但北方少数民族对宋王朝的威胁依然严峻。原来生产不断发展，百姓安居乐业，社会相对安定的汀江流域，不久也由于赵宋王朝的灭亡而被打乱节奏。宋朝灭亡后，全国上下兴起了风起云涌的抗击元军入侵的战争，其中最著名的就是文天祥抗元斗争。客家人来自中原，受汉文化影响较深，对少数民族的侵扰难以接受。1276年，文天祥率领的抗元军队来到长汀，大批长汀人乃至汀府八县人士自愿参加勤王，一时军威大震，"雷霆驱精锐，斧钺下青冥。江城今夜客，惨淡飞云汀"（文天祥《汀州》诗）。文天祥依托闽赣

● 客家母亲河——汀江

山区和汀江枢纽，三次入汀组织汀州百姓抗击元军，给元军以沉重打击。元世祖为肃清"闽赣之患"，派重兵围剿，文天祥迫于形势，转战粤广一带。文天祥抗元斗争持续多年，转战汀州的长汀、上杭、武平、连城等县，原来安宁的生活环境遭到了极大的破坏，这时许多客家人为安全起见，有的自发迁移，有的随文天祥的军队迁移，大批辗转流入广东东部大埔、

梅县、兴宁及粤北一带，另辟安身居所。如谢姓，北宋末谢开书避乱入汀，为长汀谢氏始祖；南宋谢枋入闽留居长汀南阳茶树下；谢新随文天祥入粤并定居梅州，为梅县、兴宁谢氏始祖。宋朝时任文荐之子留居汀州城，宋末其裔孙随文天祥南下广东。元朝统治者建立政权后，实施的是歧视汉人的政策，把人分为四等，汉人、南人属于下等人，常遭欺压掠杀，导致元初各地抗元兵事时有发生，社会动荡不安。所以，在宋宝祐到元至正的大约 100 年时间里，汀州客家人从 50 多万人锐减到 23 万多人，减少了一半多。

宋元之际，大批客家人选择梅州一带粤东地区作为新的居住地，因为梅州位于汀江边上，地势较长汀开阔，文天祥抗元斗争结束后，局势比较稳定；还因为宋元交替之际，梅州地区人口锐减，蔡蒙吉在梅州率众抗元后"被杀者更不计其数，全城十室九空……"没有汀州人满为患的压力。

客家人第二次大量沿汀江外迁是在明末清初抗击清军入侵时期。这个时期的战乱历时近 20 年。清军入关以后挥师南下，明朝唐王朱聿键在福州称帝，改元隆武。1646 年，因大将郑芝龙抵抗不力，隆武帝退守长汀。长汀的府衙、县衙官员和广大百姓齐心协力保护皇帝。清兵追至，隆武蒙难，随臣殉国，汀州的文臣武将自刎、自缢、溺水者均有。大明永明王被两广总督拥为永历皇帝后战死江西，其妃彭娘娘入闽投靠隆武帝，来到长汀、宁化、连城一带，适逢隆武战败，彭妃娘娘聚众 3000 余人东山再起，忠贞不屈。南明隆武阵亡后，郑芝龙被押解京师处死。郑成功为恢复大明，义军日益扩大，收复漳州又得到一位汀州客家名将刘国轩。为了夺取闽赣边陲重镇汀州，郑成功派大将吴淑督师万人进军闽西。取道永定、上杭，在长汀县城东校场、窑上等地与清军展开激战，顺利夺回汀州，并在罗汉岭祭奠彭娘娘，誓师为恢复大明而战。从此，"国姓爷"的部队在长汀驻扎数月，直至被清军击败。面对繁乱的战事，大批汀州客家人仓皇逃难，有的迁至粤中及滨海地区，有的迁往川、桂、湘一带，有的随郑成功军队迁往漳州、厦门、台湾等地。如明末清初，叶氏随郑成功东渡收复台湾，并定居台湾基隆一带；随郑成功大将刘国轩渡海收复台湾的还有邹姓。这是第二次汀江大迁徙浪潮，这个时期的汀州人口也由明崇祯六年（1633年）的21万人减少到清顺治九年（1652年）的7万多人，减少了六成多。

客家人第三次大规模沿汀江外迁是在太平天国运动时期。千刀会与太平军并肩战斗在汀州。汀州人民在官吏、地主、高利贷者的层层压迫下，过着苦难的生活。人们被逼得走投无路，只得铤而走险，死里求生。太平天国运动爆发后，汀州人民闻风而起，秘密组织千刀会，守望太平军的到来。咸丰七年（1857年）石达开的部将石镇吉率太平军攻占长汀，千刀会首领廖永享被太平军封为令长，与太平军一道守卫汀州府城，配合太平军在庵杰龙门、河田、古城、童坊等地与清军展开激烈战斗。直到同治三年（1864年）太平天国运动失败后，千刀会退守福建、广东交界的山区继续战斗。长达7年的战乱，太平军三进三出长汀，长汀百姓苦不堪言，他们或者迁徙安定之处，或者随太平军出走。1988年台湾中原大学教授邹吉春介绍，他在修祖墓时发现合砖上有"汀州府南门外"墨迹。汀州府南门外是清康熙年间从汀州四堡双泉村迁到汀州府城南门外车子关同庆寺前落基的。咸丰年间遭兵乱，几栋房子全焚于火，祖辈兄弟各奔东西，播居汀、榕、岩、京、沪、厦、陕、洛、南平等地不下50家，在台湾桃园亦有200多家。从血缘上来说，汀州和台湾桃园两地邹姓的根是在汀州府城南门外车子关。太平天国运动后，汀州客家人出现了世界范围的迁徙潮流，部分客家人迁往广东、海南、台湾以及东南亚，有的甚至远播欧美等地。

走啊走，依依惜别家乡柳；走啊走，哪怕征途路悠悠；一年四季，一程程风雨；酸甜苦辣，一滴滴血泪。它记载着中华民族的一支优秀民

系的伟大精神在伟大之旅中的发展与升华。

从黄河到汀江，从汀江再起航，客家人在中华民族的拓展史上谱写了辉煌壮丽的篇章。

从汀江起航的客家人走出山门，繁衍四方，他们以坚定的信念，执着的追求，筚路蓝缕，迎风进发。与他们的先祖从中原南迁所不同的是，这是一次中华汉民族客家民系形成后的迁移，是以母亲河——汀江作为依托或大后方的新起航。客家人在新的航程中，升华了冒险犯难、开拓进取的精神内涵，是中华民族伟大精神新的飞跃。

第二节
南迁粤东

粤东山区的梅江流域，有一片方圆千里的盆地。千年前，它曾是"林菁深密，野象横行，鳄鱼肆虐，瘴气熏人"的地方，自客家儿女到来后，昔日的蛮荒之地逐渐变为"十里梅花"的富庶田园。

史载，南北朝南齐时（479～502年），辟梅江流域置程乡县，属潮州。县治所在梅江与程江的汇合处（今梅州城关）。隋唐时期，程乡县仍属潮州。五代十国南汉乾和三年（945年），升程乡县为州，名"敬州"，领程乡一县，县治附州郭。从此，这里一直是粤东政治、经济、文化中心，也是粤闽赣边的水路交通中心。

北宋开宝四年（971年），改"敬州"为"梅州"（因境内"梅江"得名），领程乡县，县治仍为附郭。

宋初的梅州，客家户口不多，仅367户（而原住民有1210户）。随着中原汉人的大量涌入，梅州户口猛增，到元丰年间（历时一百年左右），客家人已达6548户，比宋初净增6181户，增幅为1684%，而此时的原住民为5824户。客家人在户数方面已占主导。

宋代梅州是继汀州之后的又一闽粤赣水路转运中心，它将粤东南沿海的海产品、盐产品输入闽西、赣南，又把闽西、赣南的特产转销潮汕，因此，梅州城店铺林立，商贾云集，经济一派繁荣。同时，客家文化也

193

日渐发达起来，出现许多反映中原遗风的楼阁亭榭、书院。宋哲宗时，谏官刘元城被贬梅州，在城内设立"梅城书院"，聚士讲学；宋徽宗时，太守刘焕创设学堂四所，收童就读。当年，加之科举制度，文教更为兴盛。

宋元之际，蒙古人南犯，梅州客家人和汀州客家人一样，大多"男执干戈，女贯甲裳"，追随文天祥勤王抗元，为国捐躯者数以万计。由于梅州客家人"倾邑勤王"，户口锐减，《元史・地理志》载：元初，梅州土客家户口仅剩2478户，14865人，其中客家人不到总户口的五分之一。

梅州纳土于元，仍袭宋制，不过，这时的忽必烈皇土，已是十室九空了。

明初，原属循州领地的兴宁、长乐（今五华）二县划归梅州管辖，梅州属县由一增三。由于梅州地方官"减轻官田税负，招携流亡人口"，大批汀州客家人进入梅江流域垦殖，先后置添大埔、平远、镇平（今焦岭）

● 梅州

三县。

清初，社会稍为安定，梅州六邑人口激增，达60万之众。为便于统摄，撤销梅州建置，改程乡县为直隶州，称"嘉应州"，统领兴宁、长乐、大埔、平远、镇平。乾隆三年（1738年），析嘉应州东南境置丰顺县。嘉庆年间，大埔、丰顺二县划入潮州府治。自此至清末，嘉应直隶州统领兴宁、长乐、平远、镇平四县，故称"嘉应五属"，或"四县五属"。

明清以来，客家人活跃于政坛，他们以传统的儒家思想治理地方，教育百姓，因此，"梅州"也好，"嘉应州"也罢，均政事顺利，百姓和乐。农业生产蓬勃发展，耕地面积不断扩大，大量种植水稻，传播小麦，输入玉米，引种甘薯，注重提高作物产量质量。积极发展手工业，以家庭个体为单元的手工纺织业遍布城乡，兴宁棉纱布以其"坚实、光滑、耐用"而畅销闽粤赣。大埔的陶瓷业，兴于明，盛于清，尤其是那质地优良、品种齐全的青花陶瓷产品，闻名南国，远销南洋。交通运输、商品贸易盛极一时。的确，梅州（嘉应州）所居各县的经济呈现空前的繁荣。作为中心都市的梅州城又如何呢？史载，梅州城"民亦殷富，梅西酒肆，笙歌达旦，俨小秦淮，与苏杭媲美"。

文化教育事业也蒸蒸日上，寺观禅塔，装点关山；摩崖石刻，增色名胜；书院社学，遍及城乡。梅江两岸，好学崇文蔚然成风，科甲鼎盛。据统计，明清两代，仅程乡一县就有进士73人，举人390人，秀才3679人。清乾隆年间，嘉应州知州王之正在州署前立"人文秀区"大牌坊，以示本地文风之盛。嘉庆十九年（1814年），嘉应州有一万多人参加秀才考试，占总人口的十五分之一。在崇尚文化这种乡风民俗的熏染下，梅江流域英才辈出："广东第一才子"宋湘，放眼世界的何如璋与黄遵宪，爱国志士丘逢甲，女界英豪叶璧华，"大唐客长"罗芳伯，"实业奇才"张弼士，潮汕铁路创办人张煜南……

梅州处于客家民系的发展期，相对于汀州，海洋离他们更近了。"不

安分"的客家人又以梅州为新的起点，在清末和中华民国初年又一批一批、一程一程向外播迁。其中散播在广东本省各地的客家人，占全省总人口的近三分之一，不论是在河源、韶关地区，还是在深圳、惠州地区，他们和潮汕人、广府人一道，相互融合，共同建设美丽的南粤大地。

梅州（嘉应州）灿烂的客家文化产生于宋，形成于明，发展于清，州治梅州（嘉应州）作为其属县的政治、经济、文化中心，为继"客家首府"汀州之后的又一中心都市——"客家新都"。1994年，国务院公布梅州为中国历史文化名城，以保护和弘扬梅州灿烂的客家文化遗产。

从梅州大山走出的客家人就像当年他们的先辈离开汀江一样，无论走到哪里，哪怕是天涯海角，无时不在想念心中的故园。于是，梅州市于1989年成立了梅州客家联谊会，架起了一座故乡连接客家游子的金桥。1994年在海内外客家乡亲的大力支持下，梅州市人民政府成功举办了世界客属第十四届恳亲大会，让千千万万的游子相聚故园，共襄盛举。

客家先民从中原到汀州，客家儿女从汀州到梅州，他们薪火相传，走出平原，走进山区，走向海洋，踏平坎坷成大道——一条由古老通往未来的康庄大道！

第三节
横渡海峡

　　台湾，美丽的海岛，祖国的宝岛，中国神圣领土不可分割的一部分。台湾和大陆，血脉相连，同根同源，这是一个举世公认的客观存在。

　　带着解读客家人何时去的台湾、为什么去台湾、到台湾的第一批人是谁等问题，沿着先辈们走过的路，我多次来到美丽的台湾，走进台湾客家人的世界。

　　史料记载，最早在春秋战国时期，就有汉人渡海台湾拓荒生息。那时，越国终究顶不住强人的楚国的军事打压，退守海边。越王对同他一起抵抗的勇士们宣誓说，我们打败过不可一世的吴国，我们要冲锋陷阵，打败楚国，万一我们失败了，他转身一指对面隐约可见的海岛说，我们可以乘船渡海到对面的岛上去……这是有史记载的大陆到台湾的第一批移民。在随后的历史长河中，秦始皇派齐人徐市携童男童女数千人到台湾采集仙草，后留居台湾，繁衍生息，子孙发展到数万人。三国时期的吴国孙权曾派大将诸葛直、卫温率军前往台湾，做驻防巡视。以后的历朝历代，都有大陆的汉人前往台湾。

　　台湾，居住着 2300 多万中华民族的子孙，以闽南人、客家人、高山族人（原住居民）为主，其中客家人 450 万人，占台湾全省总人口的五分之一。最早入垦台湾的客家人，是清顺治末年的汀州客家人。顺治

197

十一年（1654年）十一月初二日，郑成功北伐漳州，汀州籍的漳州协守、清将刘国轩献城归正，投诚郑成功，成为郑麾下的副帅。顺治十八年（1661年），刘国轩随郑成功入台征讨荷寇，为收复台湾立下汗马功劳。刘国轩的声名远播日本等地。郑经继嗣后，刘国轩奉命驻屯台湾北部，汀州人闻讯，随之入台垦荒者颇多。

据有关文献和在台湾的田野调查，大量的客家人迁移至台湾，是在清康熙二十年（1681年）以后的事。广东梅州的镇平、平远、兴宁、长乐等县的客家人大批跟闽南人之后而去台，到雍正、乾隆年间为最盛，一直到嘉庆、道光、咸丰、同治、光绪年间，粤东的梅州、河源和闽西汀州的客家人，源源不断地迁居台湾。

考察中我们了解到闽粤的客家人为何大规模迁居台湾。康熙二十二年（1683年），台湾已处于大清帝国统一政权的管辖之下，闽台距离较近，交通便利，从厦门到台湾600余里，两个日夜就可抵达。台湾人少地多，土地肥沃，移民一上岸，不愁找不到土地耕种，而且气候温暖，雨量充沛，非常适合耕种。这些都对闽粤客家人具有很大的吸引力。

在新竹、苗栗我们还了解到，台湾的原住民文化相对落后，人口稀少，对于闽粤客家人移民入垦的力量，无法抗拒。台湾的原住民散居于山地，为地道的部落社会，种族繁多，语言互异。我们在花莲沿着大鲁阁峡谷来到大山深处的高山族中，知道高山族是台湾原住民阿美族等九个部落的统称，至今仍保留许多部落社会的风情。同时，台湾又处于台风、地震频繁发生的地带，所以原住民的人口增长缓慢。由于人口不多，又缺乏组织，台湾对闽粤移民的开垦拓荒，实在无法抵御。于是往日原住民恃以为生的猎场，逐渐地为闽粤客家人所开垦而变为良田。

社会的因素，也是促进闽粤客家人大批赴台的原因。1662年后台湾被清朝廷设置为福建省的一个府并设立了三个县，封建制度传入才几十年，机构不全，官吏不足，统治力量较弱。台湾又是一个山高、路险、林密、天高皇帝远的地方，闽粤客家人和闽南人一样一登彼岸，就有一个广阔自由的天地，即使有人触犯刑纲，得罪势豪，不可在此立足，也可到他处逃生。这些都为客家人移居台湾、开发台湾提供了便利。再加上清廷对汉人赴东南亚有诸多限制，康熙帝曾旨谕南洋一带的华侨，限三年回国，否则"不得复归故土"这也是促使更多的客家人移居台湾的一个原因。

出于上述的诸多原因，闽粤客家人在选择迁徙时大多把台湾视为理想之地，纷纷冒险赴台，如乾隆年间，粤东蕉岭县各乡村的人渡台垦荒已相当普遍。汀州所辖永定胡永兴率众人入垦台中，建石岗仔庄，为开发台中做出了贡献。在开发台湾的汀州客家人中，最负盛名的为永定胡焯猷。他雍正年间迁台，居住于淡水，又于乾隆年间申请垦荒，出资募佃，建村落、筑陂圳，大兴水利，尽力农功，声誉传遍台湾全省。台湾人口增长很快，道光二十三年（1843年），台湾人口约250万，台湾建省后不久的光绪十三年（1887年），人口达到了320万。在这块美丽富饶的土地上，客家人和闽南人、高山族人相互融合，为建设美丽的家园挥洒汗水。

闽西汀州、粤东梅州客家人相继渡台，致使在台客家人与日俱增，遍布全省。如以其原籍的州府县分，梅州属（包括镇平、平远、兴宁、长乐、梅县等县）的客家人占最多数，约占全部人口的近二分之一。惠州府属（包括海丰、陆丰、博罗、龙川、河源、和平等县）的客家人约占四分之一。潮州府属（包括大埔、丰顺、饶平、揭阳、海阳、普宁等县）的客家人约占五分之一。汀州府属（包括长汀、永定、上杭、武平、宁化、清流、连城等县）的客家人约占十五分之一。台湾客家人的具体分布：北部地区，以台北桃园、新竹、苗栗为范围；中部地区，以台中、彰化、云林为范围；南部地区，以嘉义、屏东、高雄为范围；东部地区，以宜兰、花莲、台东为范围。客家人在台湾分布很广，虽无纯客家县市，却有新竹、桃园、苗栗、台北等主要聚居地。而今台湾岛内的客家人有450万，是仅次于大陆的客家人的聚居地。

闽粤客家人移居台湾，带来了大陆的先进生产力和中华民族的传统文化。客家人和闽南人、高山族人一起在促进台湾经济发展的同时也创造了台湾的精神文明。台湾的气候条件、土壤条件及排灌条件都有利于甘蔗的种植。然而，台湾的糖业并不景气。汀州客家人广泛倡导拓地垦荒，以兴糖政，并奖励官兵种植甘蔗，成绩斐然。这当中刘国轩的贡献最大，他的远见卓识和极力倡导，使台湾的糖业生产欣欣向荣，蔗糖除供给大陆外，还远销日本、波斯，成为和稻米并列的台湾两大作物和出口之大宗。刘国轩的名字和台湾的开发紧紧连在一起，成为台湾的一代拓荒者而彪炳史册。

台湾客家人大面积开垦土地，使北部新开辟的土地上，星罗棋布着许许多多的村落。炊烟相见、鸡犬之声相闻，仿佛是大陆乡村的风情，一派生机。从乾隆到道光年间，北部的开发，逐渐由各个孤立的村落连成线，最终与已经开发的中南部地区连成一片。

经过大陆移民几百年的文化拓展，中国大陆的政治制度、伦理制度、家族制度、教育制度以及价值观念、道德观念也逐渐传入台湾，使台湾的社会面貌为之改观，形成了和中华文化具有广泛一致性的即"根"在大陆的台湾文化。如台湾的定光寺就是为从汀州传入的汀州移民的保护神而建。"宗教是无情世界的感情"，汀州客家人迁台后，仍念念不忘定光公的宏恩。因而在台湾的北部、中南部汀州客家人集中的地方，都建有定光寺，并逐步融入台湾文化之中，丰富了台湾文化的内涵。

"家穷子读书，地贫栽松柏。"移居台湾的客家人把讲学术、倡教育的传统也输入台湾。由于各种原因，台湾的文化教育事业起步较晚，尤其在北部地区，直到乾隆初年仍然是一片空白。汀州客家人胡焯猷于乾隆二十八年（1763年）在淡水创办了明志书院，动员乡村子弟入学，使地处台湾僻处的淡水传来了朗朗的读书声。各乡村闻讯后，纷纷送自己的子女上学，真可谓桃李芬芳。胡焯猷创办教育的义举得到了清政府的充分肯定，他也被誉为台湾北部地区教育事业的开拓者。梅州素有"文化之邦"的美称，梅州客家人在台湾有相当数量的人在乡村从事私塾教育，为传扬中华文化做出了积极贡献。

客家人移居台湾后，始终保持着中华民族开拓进取、不畏强暴的刚强性格。他们抵御外来侵略，留下了许多可歌可泣的英雄篇章。特别是在日本统治台湾的 50 年中，台湾客家人爱国爱乡，涌现出了许多积极参与革命，抵抗日本侵略的英雄好汉。为收复台湾故土、推动台湾重归祖国版图、反对割台让日的爱国志士丘逢甲，为抗日保台而英勇捐躯的同盟会会员罗福星等就是台湾客家人中的杰出代表。

大陆和台湾隔海相望。很早很早以前，它们本是同一块陆地，要旅游走过去就是了，只是冰川运动才把它们隔开，但隔不开大陆和台湾同胞相互牵挂的民族情结。广东蕉岭有一少妇思念在台湾的丈夫，决心前往寻找。她用客家山歌唱道："一寻亲夫过台湾，打算出门去借钱，先日话郎容易转，谁知今日见郎难……七寻亲夫到厦门，厦门码头乱纷纷，三更半夜落船去，几多辛苦为夫君……"这些山歌，情词真切，如泣如诉，是大陆亲人思念在台湾乡亲的情真意切的真实写照。溯根寻源，台湾 450 万客家人同大陆有着千丝万缕的亲缘关系。台湾的世界客属总会、中原客家总会、各县客家同乡会都是联结两岸客家人亲情的桥梁。每逢重大节日，台湾的客家人都要组团回客家祖地寻根谒祖，共叙亲情。从 1994 年开始，台湾客家人先后回大陆参加了在广东梅州、河源，福建闽西，河南郑州，江西赣州的世界客属恳亲大会和福建宁化、长汀举行的连续十七届的世界客属公祭客家公祠和公祭客家母亲河大典。祖地的乡亲也纷纷前往台湾探亲访友。他们盼望祖国统一，盼望骨肉团圆，这种浓浓的民族情、客家情、夫妻情、父子情、兄弟情……牵动千家万户。

　　历史告诉我们，台湾同胞的"根"在大陆，台湾客家同胞的"根"在一水之隔的广东梅州、惠州、潮州和福建汀州。就连蒋介石、蒋经国父子直到离开人世，都忘不了自己的根在大陆。近年来，中国国民党荣誉主席连战、吴伯雄，亲民党主席宋楚瑜，新党主席郁慕明都已率团回到大陆寻根谒祖，表达了台湾和大陆同属一个中国的立场。只有李登辉、陈水扁之流不承认历史，逆历史潮流而动，真让人觉得可悲！

　　我们作为长汀客属代表团沿途拜会了吴伯雄、饶颖奇、刘碧良等客家知名人士和客属社团负责人，共叙浓浓乡情，共商客家未来。我们真正地感受到海峡两岸的客家人彼此在关怀，在思念，在为祖国的统一努力！

第四节
西迁赣蜀

江西赣南对于客家人来说并不陌生，这是一块他们的祖辈曾经驻足过的热土，是孕育客家民系的摇篮。

明末清初，战乱和灾荒弥漫赣南，人口锐减，地广人稀。于是，粤东、粤北的客家人开始了向他们的发祥地回迁。赣南《崇义县志》载：当时的崇义"土著者十之二三，余皆杂家之众"。这里讲的杂家就是从广东回迁的客家人。《瑞金县志》载：瑞金"界连闽粤，土著十有二三，流民十有六七，土弱侕强"。这记载中的上著应为当年从北方南迁的客家先民和当地土著居民融合而成的"老客家人"，而流民则是明末清初回迁的"新客家人"。

当历史的脚步走过几百年的大清帝国而走进中华民国的时候，抗日战争爆发，广东大片土地被日本帝国主义侵占，粤东、粤北等地的客家人又一次越过粤赣交界的南岭，进入赣南的定南、全南、龙南、寻乌、安远、信丰等县并定居下来。从大清帝国到中华民国，闽西的客家人回迁赣南的脚步也从来没有停止过。粤东、粤北和闽西客家人回迁赣南，使赣南的"新客家人"大大超过了"老客家人"。

现在，当我们走进赣南这块土地寻觅客家人回迁的足迹时，还不时地从客家学者那里听到赣南客家人"老客"与"新客"的区分。在赣南的龙南、全南、定南、寻乌等粤东客家人回迁休养生息的地方，当地的客家话和广东梅县、连平的客家话基本上没有区别，让人从那熟悉的客家语言中体验到"天下客家一家亲"的浓浓乡亲。如今的赣南是大陆客家人居住最多的区域之一，其中从粤闽回迁的客家所占的比例，寻乌、安远、全南、定南、龙南、信丰、南康、大余、上犹、崇义等县占70%～90%，赣县、兴国、于都、会昌、瑞金等县占50%～70%，宁都、石城等县回迁的人数较少，只占20%～30%。

回首历史，20世纪30年代在赣南这块客家人聚集的大地上，中国共产党人依托千万客家人创建了以瑞金为中心的中央革命根据地，创建了震惊华夏大地的中华苏维埃共和国。毛泽东、周恩来、朱德、刘少奇、邓小平、刘伯承等一代共产党人和千千万万客家儿女一道演绎着惊天动地的历史史诗。1934年10月，中央红军从这里开始了举世闻名的两万五千里长征，8万客家儿女组成的红军军团血染长征路，到达陕北时仅剩不到3万人，仅兴国县就有1.2万多客家男儿战死在长征路上，客家人为中国革命所做出的历史贡献永载史册。

粤东、粤北的客家人回迁赣南的同时，一部分客家人也于清代康熙至乾隆年间北上进入湘江流域，在湖南的浏阳、平江、宜章、汝城、郴州等地开辟新的天地，建设新的家园。湖南没有纯客家县，他们散居在湘江流域的上游和湘赣、湘粤交界的区域，共有17个非客住县，总人口达230万。一代伟人毛泽东的祖辈于清代乾隆年间从赣西南的吉安迁移到湖南韶山冲，因而毛泽东也是客家人的后裔。

广西也是客家人分布比较多的区域之一，一部电影《刘三姐》传唱得广西客家山歌扬名海内外，也让客家学者的视角触及这块美丽富饶的土地。明末清初，勤劳勇敢的客家人响应清廷拓荒垦殖的号召，从粤东、粤北、闽西迁入地广人稀的广西。他们主要迁居在武宣、马平（今柳州）、桂平、陆川、南平、贵县等地繁衍生息，开发广西。经过几百年的艰苦开发，生产逐渐得到了发展，客家人也和壮族人民和睦相处，携手共进。历史的车轮驶向清同治年间，这时期广东的西北部发生了客土械斗事件，导致居住粤西北的客家人大迁移，其中相当部分的客家人迁移到广西的钦州、廉州地区，使广西的客家人逐渐多了起来，并相对集中居住在桂中、桂东、桂西北一带，其中陆川、浦北、博北、博白、合浦等县的客家人最多，有140多万。广西的客家人基本上仍保留着客家民系共有的语言、习俗和风情，是客家大家庭中一个重要的组成部分。

四川，这块美丽富饶的土地，素有"天府之国"之称。可是，明末清初的四川，"白山黑水兵，血洗巴蜀地，可怜天府国，处处闻鬼泣"。清军入川，战乱连年，以致户口凋零，田园荒芜。为恢复生产，清廷谕令粤、湘、赣、鄂、闽等省黎民百姓入川开垦，这就是历史上著名的"湖广填四川"的大移民，在他们当中有不少是客家人。他们辗转入川，艰辛垦殖，让"天府之国"重新焕发出生机和活力。

盖世英才郭沫若在他的《我的童年》中说："我的祖先是从福建移来的，原籍是福建汀州府宁化县。听说我的那位祖先是背着两个麻布袋上川的……"据我们在福建宁化县的考证，郭沫若的祖辈就是在这次"湖广填四川"的移民运动中，从客家首府汀州府宁化县迁移到四川省乐山县沙湾镇繁衍生息，发展成为当地的旺族。

四川的客家人有多少？没有一个准确的数字，有关资料称有400多万人，他们主要分布在川东和川中，共有32个非纯客住县。其中川东的重庆、涪陵、荣昌、隆昌、泸州、内江、资中，川中的成都、华阳、新都、广汉、新繁、灌县等地的客家人最多。在四川这块神奇的土地上，客家人创造了非凡的业绩，也先后孕育了让每个中国人都为之骄傲且为之惊讶的客家英杰：戊戌六君子之一刘光第、共和国元帅朱德、中国改革开放总设计师邓小平……数不尽一代又一代的风流人物！

为了揭秘四川客家人的生活习俗和风情，绵阳市客家人居住的福建

村便是很好的考察对象。走进这个村的客家乡亲中，体验那浓浓的客家风情。

在绵阳市三台县城北，沿涪江丰水长堤行 15 里的柳林坝，世世代代居住着清代迁进的福建移民，人们习惯地把这里叫"福建村"。

福建村是三台县长坪乡第四自然村，是一个三面环江、一面靠丘的风景十分秀丽的村。全村耕地 1600 余亩，人口 2400 余人。福建村人是清代"湖广填四川"中迁进的福建移民。

在这个村子里，祖籍福建的居民，以陈、蔡二姓居多。陈姓又是蔡姓人口的 3 倍，有 1200 余人。

族谱及有关资料显示，柳林坝最早进来的是湖广人苏姓。陈姓于清乾隆十七年（1752 年）从福建入川时，经南充、遂宁寓居后，从苏姓手中佃耕迁入的。当时陈姓只有 7 人，由于经营有方，不久，家道殷实，不仅在柳林置了可观产业，而且在邑南、邑北、邑东、邑西等乡镇也购置产业多处。250 多年来，陈姓已发展到 10 房，人数多达 700 余人，遍及三台县潼川等乡镇。

柳林坝作为福建移民迁入三台发迹的风水宝地，至今仍保存着许多文化风俗遗存。来此定居的福建移民陈、蔡、李等姓先祖，均先后回籍迁来祖先遗骸，建立坟场，二次葬的遗迹随处可见。创业后编修的族谱，代代相传，至今仍是子孙后代排字辈的重要依据。

陈氏宗祠规模宏大，毁于 20 世纪 80 年代，遗址犹存。我们见到宗祠里供奉的入蜀始祖的部分神祖牌位，仍保存在后裔的神龛上。陈氏八房兄弟原来各有一座祖屋，至今仍有一座完好无损，风貌依旧。更为突出的是，一通高约 2.2 米的古碑，原系道光年间陈姓长房十子兆溥所建，至今安卧在村边，碑的北面镌刻着四个大字："原籍闽省"，格外引人注目，显示了这个村的福建客家渊源关系。

此外，在陈、蔡两姓子孙中，50 岁以上的老人仍保持了福建客家方言的称谓语词。如今，福建村人在创造美好明天的同时，还有一个重要心愿，就是想回福建老家去看看。我们相信，在不久的将来，经由两地宗亲架设的桥梁，还将在经贸文化交往方面结出硕果。

第五章

留住乡愁

| 大美汀州 | 客家首府 |

盛况空前的世界客属公祭客家母亲河活动，牵动众多海内外客家乡亲情系母亲河，万里动归心；丰富多彩的客家联谊活动，在汀江之畔此起彼伏、高潮迭起。悠悠母亲河，四海乡心同。客属乡亲身在海外，情系中华。母亲河汀江承载着海内外客家游子无尽的乡愁，是客家人永远守望的精神家园。

第一节
寻根谒祖

1978 年底，党的十一届三中全会胜利召开。这次大会开启了我国改革开放的光辉历程，揭开了我国历史上崭新的一页。封闭了几十年的中国，面向世界敞开了大门，一个神秘的东方文明古国，重新引起了世界的瞩目。

海外的华人华侨为党的十一届三中全会而欢欣鼓舞，他们渴望回到祖国寻根谒祖、旅游观光、投资兴业。于是从 20 世纪 80 年代末 90 年代初开始，掀起了一波又一波的海外华人到祖国寻根的热潮。

在世界华人寻根谒祖的热潮中，海外客家人的寻根热潮一浪高过一浪。客家首府长汀扮演了一个亮丽的角色，作为历史上州、郡、路、府治所的汀州城，它除了是客家民系的形成地，还是世界客家人的祖籍地之一。自宋代开通了汀江至广东潮州航运以来，明清两代大批的汀州客家人沿着汀江迁徙广东，梅州客家人十之八九称自己的祖先源自汀州。汀江作为客家母亲河不仅哺育了闽西客家人，而且自宋代以来成为汀州客家人南迁广东的水路大通道。在长达数百年的时间里，以一条江河作为主要迁徙通道，其时间之长，迁徙人数之多，在中华民族的迁徙史上并不多见。汀江以天下客家第一江而闻名于世，是名副其实的客家母亲河。

党的十一届三中全会后，最早来长汀朝圣汀江、寻根谒祖的是台湾客家人丘正吉。丘正吉一行 30 多人沿着广东的河源、梅州一路寻根，回到客家母亲河汀江的怀抱，历尽千辛万苦终于在长汀河田寻找到台湾丘姓开基始祖。多年寻根之梦终于得到圆满的结局，他难以抑制心里激动之情，捐资在河田重修丘氏宗祠，1999年11月28日举行隆重的落成典礼，世界丘氏宗亲组团前往河田参加落成典礼并祭拜祖宗。

1991年4月5日清明节，世界客属钟姓寻根祭祖团130人不远万里从海外各地来长汀寻根谒祖，并祭扫唐代迁入汀州的钟姓先祖汀州刺史钟全慕。

1995年5月24日，以全国政协委员、南源永芳集团有限公司董事长姚美良为顾问、马来西亚客家公会联合会会长萧光麟博士为团长的"马来西亚客家文化寻根访问团"一行150多人抵达中国历史文化名城、客家首府——长汀，"寻客家民系之根，访客家文化之源"。

长汀县人民政府欢迎访问团莅汀观光、恳谈亲谊，在《汀州客家》发表文章《客家首府迎亲人》，以喜悦的心情迎接远方亲人的归来：

● 客家乡亲回汀寻根谒祖

　　五月的汀州，鲜花簇簇，笑语盈盈。在这温馨的季节，在这美丽的古城，47万汀州客家儿女，喜迎远方亲人——马来西亚客家文化寻根访问团。

　　以南源永芳集团有限公司董事长姚美良为顾问，萧光麟博士为团长，黄拨祥、蓝武昌为副团长的马来西亚客家文化寻根访问团一行150多人，将于5月24日抵达客家大本营——汀州。这些新一代的客家儿女，在异国他乡，秉承祖辈勇于开拓、艰苦创业的"客家精神"，建树不凡。他们不忘祖根，向注故土，万里还乡，寻根访祖。

　　汀州是客家人的摇篮和大本营。客家先民，历时千载，辗转南迁，在汀州这片广袤富饶而慷慨神奇的土地上，以开拓革新的创业精神，用勤劳、智慧的双手，创建了家园，繁荣发展了古汀州的经济文化。经过漫长岁月的艰苦奋斗，凝结了自强不息的客家民系。宋元之后，客家人又沿汀江源源不断向外延伸发展，繁衍四方。"凡是有太阳的地方，就有客家人。"

　　悠久的历史给汀州留下了丰富多彩的不同历史时代的文化遗产、民族意识和民族精神，形成了独具地方特色的历史文化、客家文化、革命文化"三位一体"的文化内涵。

　　岁月悠悠，几经沧桑。然而，千年的城墙依旧，迷人的景致依旧，古朴的民风依旧。那巍巍卧龙山，那滔滔汀江水，那浓浓乡情，那甜甜乡音，曾令多少漂泊海外的客家游子魂萦梦牵，归意绵绵！

　　汀州，曾有过辉煌的历史，如今，正沐浴着改革开放的春风，焕发出现代文明的勃勃生机。47万汀州儿女，在古老而又充满朝气的土地上，奏响了一曲曲"重农、兴工、活商、优教、扩城、修路"的时代乐章，重振雄风，再创辉煌！

　　花香鸟语，草长莺飞。温馨的五月，迎来了海外客家乡亲。水是故乡甜，月是故乡明。今天，客家乡亲欢聚一堂，共叙乡情，饮一瓢家乡水，喝一杯糯米酒，此时此刻，客家儿女的心潮哟，怎能不激荡满怀！

　　欢迎你啊，客家游子！

　　祝福你啊，客家游子！

213

1995年深秋，世界客属首次公祭宁化石壁客家公祠和公祭客家母亲河——汀江，标志着海内外客家人寻觅原乡高潮的到来。

他们当中有：

印尼侨领汤锡林率领的印尼、新加坡汤姓乡亲寻根团；

马来西亚客家联合总会会长吴德芳率领的马来西亚客家文化访问团；

世界钟姓联谊会会长钟木生率领的马来西亚、新加坡钟姓乡亲寻根团；

台湾钟姓乡亲寻根团；

世界客属总会文化访问团；

南洋客属总会会长曾良才率领的新加坡南洋客属总会客家文化访问团；

新加坡南洋客属总会署理会长刘再光率领的新加坡客家文化访问团；

新加坡国家博物馆馆长胡孝胜率领的国际客家文化考察团；

马来西亚新山客家公会会长萧光麟率领的马来西亚客家祖地寻根团；

马来西亚居銮客家公会会长姚森良率领的马来西亚客家寻根团；

南源永芳集团有限公司董事长姚美良率领的南源永芳集团有限公司客家文化访问团；

新加坡武吉班让客家公会会长罗焕文率领的新加坡客家祖地寻根团；

台湾客家人杂志社社长黄子尧为团长的台湾客家文化寻根考察团；

李德仑会长率领的法国巴黎客家文化访问团；

吴能彬先生率领的印尼客属总公会寻根团；

刘南辉率领的马来西亚刘氏客家宗亲寻根团；

澳门客家联合总会访问团；

香港客属首长联谊会理事长黎国威率领的香港客属文化寻根团；

另外还有美国纽约崇正总会、英国崇正总会、法国崇正总会、日本崇正总会、荷兰客家总会、文莱客家总会、印尼客家联合会总会、泰国客属总会、巴西客属总会、缅甸客家联合总会、马来西亚沙巴州客属公会、马来西亚沙捞越客属公会、马来西亚马六甲客家公会、加拿大多伦多客家公会、巴西客家公会、斯里兰卡客家公会、越南客属联合会等。

海外客家人魂牵汀州，梦萦客家母亲！

三五成群，结伴成行，万里迢迢，寻根谒祖的还有很多很多……

马来西亚瓜拉冷岳客家寻根团团长曹建强告诉我们，他于1995年率团130多人回到了祖先生活过的地方，真正体会到游子回到了汀江母亲的怀抱。马来西亚《诗华日报》记者张荣强是位客家汉子，他说："在汀州，有我寻不完的根，圆不完的梦！那真是块神奇的土地！"

姚美良生前12次圆梦汀州。他曾担任全国政协委员、集团公司董事长，短短几年12次亲临长汀，当时的交通条件没有现在这样方便快捷，龙岩到长汀需10个小时，路途的艰辛常人难以体会，姚美良频繁来汀的善举相当不容易，一般人难以做到。他对原乡的情、故园的爱，无不感染客家乡亲。有一次，他特地把即将去加拿大留学的儿子姚国华带到汀州。他们父子参观了汀州客家博物馆、唐代古城墙、宋代文庙、明清古街、河田客家宗祠一条街等。在客家母亲园，面对慈祥的"客家母亲"，望着悠悠南去的汀江，目光仿佛穿越历史，体味客家先辈们创业的血泪辛酸。姚美良情不自禁地对儿子说："你到了国外，任何时候都不要忘记自己是中国人，不要忘记自己的中华文化，不要忘记我们客家人的根在黄河，在汀江。"

寻根的路上，海外客家游子深沉地爱着故乡的山山水水，为当地的经济建设和社会事业倾注了大量的心血，在长汀、宁化、上杭等客家县捐资兴建各项公益事业。海外客家儿女为弘扬中华优秀文化，增强民族凝聚力，付出了巨大的努力，做出了巨大的贡献。

第二节
回报桑梓

　　客家人不论何时何地，都有一颗强烈的爱国爱乡之心，胡文虎、姚美良、汤锡林是其中的杰出代表。

　　胡文虎（1882～1954年），祖籍福建汀州永定中川村，1882年1月生于缅甸仰光。其父胡子钦早年从故乡出洋谋生，在仰光开设一间"永安堂"中药铺悬壶行医，给病人摸脉、开方、抓药。胡文虎兄弟三人，长兄文龙，早年夭折，幼弟名文豹。10岁那年，胡文虎奉父之命，千里迢迢回到故土，接受客家文化的传统教育。故乡的乳汁滋润了他爱国爱乡、求真求善和疏财济困的情怀。他目睹邻里的贫民食不饱肚、衣不裹体，常常感慨："有朝一日，我文虎能发财，一定要帮助穷人，资助社会，使更多的人能食饱着暖，过好日子。"为了体味人世冷暖，练就吃苦内功，他不论酷暑寒冬，经常有家不归，有床不睡，甘愿在禾果党（中川村小市场）睡屠桌板，以满天星斗为伴，看透世界，看透人生——这与他日后精心创办16家各种文版的"星"系报纸不无密切关联。

　　4年后，胡文虎重返仰光，随父学中医，并协助料理药铺店务。1905年，父亲病故，胡氏兄弟继承父业，同心协力，业务日趋发达。

　　1909年，为了进一步发展业务，胡文虎摆脱了父辈"守株待兔"的经营方式，走出店门，冲出仰光，周游祖国及日本、泰国等地，深入考察中西药业,寻访求教民间土医,调查研究偏方秘方。第二年,他返回仰光,扩充永安堂虎豹行,聘请一批著名中医、西医和化学专家,开展医药科学研究,制作丹、膏、丸、散成药百余种,经过精心筛选,最后制成万金油、八卦丹、头痛粉、清快水、止痛散五种虎标良药。其中,尤以万金油为佼佼者,它在世界经济恐慌年代,因百病可治、价廉物美、功效神速、携带方便而风靡于世,胡文虎本人也因之成为驰名海内外的"万金油大王"。

虎标良药的走俏,给胡文虎带来了巨额利润。他以此为资本,又投资报业。当时,在一般人眼里,办报是文人的事,商人似乎与"文"无缘。胡文虎有自己的想法。20 世纪 20 年代中期,他在上海开设永安堂分行,花了百万元于上海各大报刊登虎标药品广告。他认为,要是自己有了报纸,原来支付给别人的广告费就变为报社的收入,而且还可以宣传自己,推销自己,提高社会地位。于是,他于 1929 年在新加坡办起了他的第一家报纸——《星洲日报》,之后在厦门、香港、福州、上海以及马来西亚、缅甸、印度、泰国创办的十多家报纸都冠以"星"字,组成了他的星系报业王国,在华侨报业史上,星系报规模最大,数量最多,堪称侨界之最,而胡文虎又多了一个美称——"报业巨子"。

胡文虎发家致富后,开始回报社会,履行他儿时在故土"帮助穷人,资助社会"的诺言。他常说:"人为本,财为用,财取诸社会,用诸社会,自我得之,自我敬之,以天下之财供天下之用。"他除了在东南亚地区捐资兴办 10 所中小学和 15 家医院外,还在国内先后捐助过上海、厦门、广州、福州、汕头、海口、福建永定等地十几所大中学校。1935 年,胡文虎宣布,10 年内在全国各地捐资创办"千所小学,百座医院"。到抗战爆发前,全国已建成 300 所小学、12 所医院。战后,由于国民党政府币值大贬,胡文虎的宏愿无法实现。

从 1913 年到 1951 年,胡文虎在国内创办了上百家养老院、孤儿院。

一位不愿披露姓名的受益者曾于胡文虎逝世后赋诗称颂其慈善恩泽："天高无不覆，地广无不载。"

胡文虎热心体育事业，主张以"锻炼国民体格，发扬民族精神"为宗旨发展体育运动。他大力资助体育场所建设，提倡与赞助组织体育团体，支持体育竞赛。值得赞誉的是：1933年，胡文虎捐资60万元，支持星岛华人足球队远征世界，载誉而归。有人说，在华侨企业家中，如此热心体育事业者，胡文虎为第一人。

"对于忠字，鄙人以为忠于国家为先，所以，爱国观念不敢后人。"这是胡文虎的名言。1932年春，胡文虎在新加坡收到上海永安堂分行经理胡庚桂发来的信，信中除了汇报虎标业务产销情况和市场信息外，还提及当地的政治文化新闻，其中有一则称：某国领事馆在上海租界的公园门口，挂着"华人与狗，不得入内"的牌子。胡文虎看罢，气愤地说："帝国如此欺辱我们中国人，绝不能忍受！"他一连几天，茶饭不思，闷闷不乐地待在虎豹别墅里。一日，夫人陈金枝出谋道："何不以牙还牙，跟帝国唱对台戏？"胡文虎愁云顿释，当即拨款50万元，在新加坡的巴西班让兴建游泳池。不久，游泳池竣工了，他将其命名为"华人池"，并亲笔大书"只准华人入内游泳"的牌子，高高地竖在"华人池"门口。"华人池"，长了中国人的志气，灭了帝国的威风！在祖国人民奋起抵抗日寇侵略、为民族解放而殊死搏斗的时候，胡文虎一面通过星系各报大力宣传抗日救国，呼唤民众团结奋战，一面为支持祖国抗战踊跃捐款、赠药和认购"抗日救国公债"。国内外人士公认他是华侨中捐资献物较多的一个。为此，国民政府军事委员会特致电嘉奖他："情殷爱国，迥异寻常"。国民政府财政部特授予他一等金质奖章，军政部也为他颁发海陆空一等褒奖。更令人敬佩的是，胡文虎身在"狼窝"，却操守着中华民族的坚贞气节。1943年夏，日本政府总理大臣东条英机在家中召见胡文虎，命他调运缅甸和东南亚过剩的大米救济难民，并鼓励他利用与蒋介石的关系运米到国统区换钨矿（军用物资）给日本。胡文虎以交通工具无法解决和自己仍在软禁中难以完成使命为借口推脱。香港沦陷期间，日本人请他出任香港维持会长，胡文虎又委婉地加以拒绝。

抗日战争胜利后，胡文虎精神振奋，号召华侨回国投资参加经济建设，发起闽侨建设故乡的"经建运动"。为落实倡议，他奔走于东南亚与祖国之间，筹建"福建经济建设股份有限公司"。因"经建运动"打破了国民党四大家族垄断金融的局面，行政院院长宋子文便下令禁止"一切扰乱党国金融之行为"，致使"经建运动"胎死腹中。胡文虎发起的福建"经建运动"尽管失败了，但它的意义却不可小视——开创了近代华侨群体投资建设祖国的先河。

"我是谁？我从哪里来？"这是令胡文虎魂牵梦萦的问题。他在香港以乡音、乡情、乡思为纽带组织了第一个客属团体——"崇正总会"，这是当地各省客家人的总会馆。他又与侨绅汤湘霖等人在新加坡成立了"南洋客属总会"，并被大家公推为会长。"崇正总会""南洋客属总会"有着强大的凝聚力，它吸引着广大海外客家人，成为团结星洲客属的核心组织和联系东南亚各地客家同乡的重要桥梁。

1954年，胡文虎患心脏病在美国檀香山去世，享年72岁。

胡文虎终其一生，从创制虎标良药，组成报业"星"系，到回报社会，为助国难，操守气节，开发桑梓，无不表现出艰苦奋斗、乐善好施、爱国爱乡的客家精神。

姚美良，1955年出生于马来西亚柔佛州，祖籍广东大埔县银江乡河口村，是马来西亚华人富商姚永芳的第五子，自幼爱诵圣贤书。11岁时，他兄妹四人被父亲送回家乡读书，接受中华文化的熏陶。临行前，父亲谆谆教诲他们："你们是中国人，不能数典忘祖。"姚氏兄妹先在广州华侨补习学校读书，后因"文革"爆发，哥哥到英德茶场劳动，两个妹妹去海南岛割胶，而姚美良则转赴汕头求学。在那"峥嵘岁月"里，姚美良历尽磨难，度过了不寻常的八个春秋。1974年，他移居香港，在父亲与长兄的支持下，于香港创设南源永芳集团有限公司，将永芳化妆品输入内地。几年后，又组建多元实体——南源永芳集团有限公司，并出任董事长。

中国的改革开放给他的事业带来了发展机遇，他独具胆识，大举向中国投资，在广东、上海、北京、吉林、湖北、辽宁、江苏、山西、黑龙江等地投资数十项，投资额超过10亿元人民币。经过十多年的艰苦创业与苦心经营，南源永芳集团有限公司已成为一个获得巨大成功的实力雄厚的大型跨国公司，公司辖下的企业和机构除设在中国内地各地及香港，还分布于马来西亚、新加坡、泰国、美国、加拿大及欧洲各国，经营项目包括百货、纺织、化工、陶瓷、印刷、电力器材、医药、矿泉水、制衣、酒店等，目前正向地产及高科技产业等方面发展。1983年将永芳化妆品销到内地时，他在内地投资已超过5亿元人民币。

姚永芳对子女们说："炎黄子孙在海外不管怎样有钱和有地位，如果祖国不富强，也是抬不起头的，更不用说扬眉吐气了。"姚美良深深体味其中的含意，其中的辛酸：在积贫积弱、多灾多难的祖国蒙受屈辱之时，海外华人备受侨居国的欺凌。祈盼祖国富强、有着和他名字一般美好善良心愿的姚美良，铭记父亲遗训，秉承父亲"取之于社会，用之于社会"的经商宗旨，用自己的实际行动为造福桑梓、振兴中华而添砖加瓦——"我相信，如果我们每一个中国人，每一个海外华人，都为着振兴中华这个共同目标，有钱出钱，有力出力，那么，我们这个文明大国还能没有前途吗？"这是姚美良发自肺腑、凝聚赤诚的心声。

在致力于"实业救国"的同时，姚美良十分热心地赞助中国的文化教育及公益事业，数度捐出巨资，自1987年以来，已捐助中国大陆各地的文化教育及公益事业200余项，捐资总额达1亿多元人民币。

尤为令人敬佩的是，姚美良视祖国高于一切，把自己的一切和中华民族振兴联系在一起，把自己的命运融于中华民族的命运之中，他以"弘扬中华文化，振奋民族精神"为己任，创立"纪念先贤，昭启来者"的文化系统工程。

姚美良到过世界许多国家，他发现经济发达的国家都有自己的民族精神作支柱；他从中国大陆改革开放以来百业腾飞的景象中，注意到一些人数典忘祖、否定中华文化；他还看到，海外不少华人为图生存，渐渐被居住地文化所同化，有些人甚至连国语也不会说了。姚美良因发现别国"发达"缘由而喜悦，却又因看到同胞"忘祖"而忧愁，他深感"中国的振兴，要从振兴民族精神开始"，他说："小至一个人办一件事，大至一个国家、一个民族的兴盛，没有精神支柱是不行的。文化，是一个民族的灵魂，弘扬中华文化，可以增强我们的精神支柱。"他表示，愿以精卫填海之志，与海内外各界朋友携手合作，为弘扬中华优秀文化、振奋民族精神、促进人类文明进步而竭尽绵薄之力。

"常怀精卫填海志，昭启来者兴中华。"姚美良这样想，也这样做。他成功组织主办了多项弘扬中华民族文化工程：主办"纪念中国近代史开端150周年国际学术研讨会"，出版图文集、论文集和纪念专刊；主办"林则徐与鸦片战争史迹展览"；主办"纪念黄遵宪先生当代书画艺术国际展览"，出版书画艺术集；主办《孙中山与华侨》大型世界巡回画展；出版《孙中山年谱长编》和"孙中山与亚洲国际学术研讨会"论文集；设立"林则徐基金会"；建造"梅州会堂"，竖立故乡8位中国近代先贤铜像；捐资兴建广东中山大学"中国近代史研究中心"，并捐资雕塑18位中国近代先贤铜像；捐资出版人物传记《从林则徐到孙中山——近代中国十八先贤传》；与《瞭望》周刊联合举办"情系中华"征文活动，出版征文集《情系中华》；设立"永芳艺术基金"；修建"黄帝陵门牌"；兴建艺术大师林风眠纪念馆……

1990年在英国和美国出版的《世界名人录》称他是"在发展实业与

弘扬中华文化方面做出卓越贡献的杰出青年实业家"。1993年被选为第八届全国政协委员。他在经营工商实业方面具有巨大成就，在致力于发展中国的文化教育事业方面做出了杰出贡献，受到中国政府部门的高度重视，被视为第三代爱国华人中的杰出代表。他曾担任广东省对外文化交流协会特约顾问、中山大学近代中国研究中心名誉主任、浙江美术学院"永芳艺术基金会"永远荣誉主席。他担任多个华商及华人社团的领袖，包括环球客家人团体——香港崇正总会会长、新加坡茶阳会馆荣誉会长、新加坡南洋客属总会荣誉会长，以及香港华侨华人总会副理事长等。1992年，作为一名杰出的实业家与热心社会活动家，他与其兄长还双双荣获马来西亚太平局绅勋衔。此外，他引人注目的成就也使他被英国剑桥国际传记中心及美国国际名人传记协会选入多种世界名人录，并受邀担任英国剑桥国际名人传记中心亚洲地区副总理事、美国国际名人传记协会永远理事。

姚美良由于其立志成才、立志创业、矢志报国等一系列感人行动，受到中国政府和有关部门的高度重视，被称为"爱国侨胞的后起之秀""海外第三代华人之翘楚"。党和国家领导人江泽民、李鹏、李瑞环、朱镕基、李岚清、陈丕显、谢飞、叶选平等亲切接见了他，称赞他为故乡和内地做了许多有益于弘扬中华文化的事业。全国不少省、自治区、直辖市的负责人也曾亲切会见并赞扬他。

1995年，姚美良为了传承中华文明，弘扬客家精神，增进世界客家乡亲友谊和团结，倡导和发起了大规模的世界客家人寻根谒祖活动，在福建省宁化县和长汀县举行宁化石壁祭祖和公祭客家母亲河大典。他连续四年率领客家乡亲参加寻根祭祖活动，并担任主祭人，使客家寻根活动在闽西大地开展得轰轰烈烈，有声有色。

如今闽西客家祖地已扬名世界，海内外越来越多的客家人向往这块心中的圣地！今天，闽西能成为我国客家祖地的一张亮丽名片，姚美良先生功不可没!

汤锡林是印尼著名客家侨领、实业家。

1996 年的春节期间,汀州古城沉浸在祥和、快乐的节日气氛中。客家乡亲汤锡林一行从印尼回到汀州寻根谒祖。这是一位身体健康的老人,为人随和、慈祥可亲。他已经 70 多岁了,可腰板硬朗,步履稳健。他说:"今天我们是回娘家,回汀州寻根来了。"短短的话语,一种亲情、客家情在我们心中油然升起。他前往汤姓乡亲的发祥地童坊镇林田村寻根。一路上,迎着在消融的冰雪中怒放争艳的迎春花,他讲述汤姓乡亲祖先的历史。他说:"我们汤姓客家乡亲,寻自己的根已经 100 多年了,经过了几代人的努力,从江北到江南,从沿海到内地,终于找到我们的根在汀州林田。"他说,他们的祖先居住在林田村。明朝洪武年间,汤益隆公因世乱南迁,离开这块世代居住的家园。由于迁移途中失散,汤益隆不知下落,何氏夫人携儿徙迁广东蕉岭高思再建家园,繁衍生息。从明代洪武至今,600 多年风风雨雨,汤姓客家乡亲散居世界各地,许多人事业辉煌,但大家都忘不了要找到自己的根。车抵达林田村后,汤锡林先生祭拜汤氏宗祠,看望村里乡亲、捐资学校。在宗祠前的草坪上,他用深沉的目光望着历经百年风雨的陈旧祠堂,几多感慨涌上心头,热泪夺眶而出。他仿佛看到了祖先迁徙的血泪辛酸和再建家园、再创业绩的喜悦。他出资重修宗祠,以表他恋土爱乡的拳拳之心。

第二天,他漫步在万古奔流的客家母亲河畔,瞻仰客家母亲像,参观汀州客家博物馆、唐代双柏、宋代文庙……离别之际,他动情地说:"此行最大的收获是实现了多少年来心中的愿望,走进了祖先开辟的古老家园。""今天我终于明白了,我们客家人是从汀州这块土地,从汀江这条母亲河走出来的,走出山门,走到岭南,走向世界……我要组织世界各地乡亲回到汀州,让我们的子孙后代不要忘记自己的根在中国。"

汤锡林离开汀州回广东蕉岭高思老家小住了几天,又回到印尼雅加达。这以后，一份份传真，一个个电话，连接着雅加达和汀州。

1996年7月，汤锡林又从印尼回到蕉岭老家。他在电话中约长汀县领导去一趟。长汀县领导一行于第二天中午抵达蕉岭桂岭宾馆时，他早已在等候，此情此景，一种亲情尽在不言之中。随后，来到了汤锡林先生度过童年时光的高思镇老家。在那座典型的府第式客家建筑的住宅里，他重温着童年的美好回忆，对家中的每一样物件都能如数家珍。

汤锡林生于南洋。5岁时，父亲把他送回高思老家上学，接受中华文化的熏陶。在高思，他度过了那难忘的童年，客家美德在他幼小的心灵中扎下了根。以后他回印度尼西亚帮助父亲料理商业事务。父亲见他有胆有识、勤劳吃苦，便有意让他自己创业。他不要父亲资助，用自己的汗水积累了微薄资本，做起小本生意，他整日奔波，起早贪黑，生意一天天红火起来。20世纪70年代，印度尼西亚的工业刚刚起步，他以独到的眼光，向房地产进军。在荒芜地带开发、经营一批又一批建筑群，打造成集商贸、文化、旅游为一体的综合体，为侨居国的经济繁荣做出了贡献。

汤锡林事业成功了，他始终不忘中华热土，慷慨捐资，报效桑梓。他说："钱取之社会，用之社会。""钱这东西，生不带来，死不带去，要用于对社会有益的事业。"他作了一个形象的比喻：每个人都是平等的，富豪贫民，也只是每日三餐，再能吃也只有一个肚子。因此，当一个人拥有财富时，时刻应当多想别人，多为社会、国家做有益的事。为此，他捐资兴办各种社会公益事业，捐资设立蕉岭教育基金会，蕉岭见义勇为基金会；捐资兴建各类学校、医院、文化中心等，造福于人民群众。特别值得一提的是，他出资邀请中国文艺团体到雅加达演出，促进了中国人民和印尼人民的友好往来。

这次在蕉岭，汤锡林先生和长汀县有关人员参观了闽粤赣释迦文化中心。这是他捐资兴建的一座艺术殿堂。该中心坐落在蕉岭长潭风景区，建筑占地 20 多亩，建筑面积 6000 多平方米，环抱在青山绿水中。释迦文化中心富有民族风格，兼收国外建筑艺术的精华，气势恢宏，庄严肃穆。主殿供奉的释迦牟尼金身大佛像，高 4.8 米，加莲花座为 7 米，重 2.5 吨。释迦文化中心的牌楼大门的烫金横匾"闽粤赣释迦文化中心"为全国政协副主席叶选平所题。

他说，释迦文化不是迷信，这里不搞烧香，提倡献花。其意愿是要把中心建成举善育德的文化场所，为净化心灵，净化社会，做出自己的努力。汤锡林先生"报效家乡,乐善好施"的崇高品德得到了社会的赞颂。印尼把他的名字列入了印尼《名人辞典》。广东省人民政府授予他"热爱儿童"的荣誉奖章。梅州市人民政府授予他"荣誉市民"的光荣称号。"汤公锡林、世居南洋、赤子之怀、眷恋桑梓……"的碑赞，充分表达了家乡人民的共同心声，也是他一生高风亮节的真实写照。

又是一年一度的新春佳节。1997 年 2 月 4 日，汤锡林先生从雅加达飞抵香港转机梅州。在老家住了一个晚上，第二天一早冒着寒风细雨，风尘仆仆地又回到了汀州。这是他二度圆梦汀州了。午饭后，他又风尘仆仆地前往童坊林田村汤姓乡亲的发祥地。

血浓于水。在新落成的汤氏宗祠，汤锡林先生顶礼膜拜，发出心声："请接受儿女一拜！"他兴奋地说："不忘自己的根，是中华民族的传统美德。这里是我们世界汤姓客家乡亲的永久纪念地。"他察看了林田小学，说"国家富强，教育是本"，捐资兴建林田小学教学大楼和校门，以报答这块孕育了生命、孕育了文明的客家山寨。

第三天，汤锡林先生又依依惜别了汀州。临行时，他离情依依："汀州，我还要再回来！这里是我们客家人的圣地！"

第三节
母亲河祭

汀江盛典

1995 年 11 月，世界客属首次公祭客家母亲河大典在客家首府长汀隆重举行，这是在客家文化史上具有划时代意义的大事，必将载入史册。

谈起世界客属首次公祭客家母亲河大典的举行还得回顾公祭母亲河的缘起。

1995 年 5 月，姚美良和马来西亚客属总会会长萧光麟率马来西亚客家文化寻根团 150 多人的长汀之行，为姚美良成功倡导世界客属公祭客家母亲河大典和石壁祭祖打下了坚实的基础。

在这次文化寻根旅途中，他反复地倡导客家人要有自己的朝拜圣地，让汀江和石壁永远成为全世界客家人寻根谒祖的精神家园，使其时时召唤天下客家儿女的归来。

姚美良在来长汀之前，于当年的 4 月 5 日清明节参加了黄帝陵祭祀大典，他站在庄严的祭祀大典前，成千上万的人群来自世界各地，他们有一张共同的黄色的脸，都有一个共同的名字——炎黄子孙。庄严的祭祖仪式让姚美良的心久久不能平静。长汀之行又让他的心产生了和黄帝陵祭祖时同样的颤动。他的心里反复地重复一个问题，世界上不少的民

族都有自己的朝拜圣地，客家人作为汉族的一支优秀民系，客家形成的
祖地也应该成为客家人的朝拜圣地。宁化石壁和长汀之行，使姚美良对

● 客家母亲像

客家民系的形成有了更多的认识和了解，他依据大量的史实认为长汀和宁化石壁是全世界客家人的朝拜圣地，客家母亲河汀江是天下客家第一江。一个大胆的设想在他心中渐渐清晰起来，他要举行海内外客家人公祭客家母亲河大典和宁化石壁祭祖大典，捐资兴建客家母亲园。通过祭祖活动让世界各地的客家人更多地了解客家祖地长汀，让长汀走向世界，以促进长汀的对外开放和经济的发展。他说："长汀的客家文化很厚实，我们应充分发掘利用好这些人文资源，以人文资源促经济的发展。让祭祖活动成为一条纽带，把长汀与世界连接起来。"

姚美良的设想得到长汀县人民政府的肯定，长汀县派出有关负责人员赴广州与姚美良先生商讨举办首届世界客属公祭客家母亲河大典的具体事宜，双方商定首次世界客属公祭客家母亲河活动由长汀县人民政府和南源永芳集团有限公司共同主办，整个活动以公祭母亲河汀江为载体，结合长汀的经济文化同时举办长汀招商引资经贸洽谈、长汀客家风情大型文艺踩街、长汀客家美食品尝、长汀文物古迹参观、长汀根雕艺术展览。首次公祭活动充分展示了长汀的投资环境、民俗风情、名胜古迹和客家美食，让海内外宾朋在短短三天时间里尽可能地领略长汀的魅力和深厚丰富的客家人文历史。

为了确保公祭客家母亲河活动的筹备有条不紊地进行，姚美良在北京人民大会堂出席中华人民共和国成立46周年的国庆宴会后，立即从北京启程飞赴厦门赶往长汀，了解公祭的各项准备工作。10月4日，他和长汀县委、县人大常委会、县人民政府、县政协以及各界群众代表参加"客家母亲园"的奠基仪式。"客家母亲园"坐落于长汀城区的汀江河畔，以船体的造型和客家母亲的雕像，将汀江母亲河形象地展示在世人的面前。

为了使公祭活动圆满成功，长汀县人民政府成立了筹备机构，全力以赴地做好各项筹备工作。在全县广大人民群众的共同努力下，历史文化名城焕然一新。在城区的东、南、西三个路口以及明清古街入口四座古色古香的牌坊拔地而起，把汀州古城衬托得更加具有传统风韵；古老的店头街户户门前红灯高挂，一派喜气；大街小巷传统招牌琳琅满目，各种特色经商户各显风流；汀州古城墙经过紧张的维修已恢复了古代的风貌，城墙上高高悬挂着各个客家姓氏的百家姓灯笼，在夜空中格外璀璨夺目；作为公祭活动祭祀场所的客家母亲园经过35天施工已全面竣工，朴实、端庄、美丽的客家母亲像高高耸立在母亲园中央。客家母亲身背孩子，手持船桨，迎风而立，她似乎在等待和盼望渡江远去的亲人，塑像基座上是姚美良亲笔题写的"客家母亲"四个金色大字，在塑像身后，3米高的弧形屏风上镌刻着"情系母亲河"五个苍劲有力的行书大字。整个长汀城区为这神圣的时刻，为了迎接远方的亲人披上了节日的盛装。方方公园门口、博物馆前及县人民政府门前摆设了巨大的花坛，由鲜花组成的"客家首府迎亲人"的宣传语格外引人注目。

宗脉脉脉远，客家家家亲。1995年11月29日，世界客属首次公祭客家母亲河大典在汀州古城汀江河畔隆重举行，这是一个将永远载入客家史册的日子，是长汀县改革开放以来值得纪念的日子。

长汀县举办首次世界客属公祭客家母亲河大典，在全球客家社区产生了极大影响，各地的客属社团都对客家人这一祭祖盛典表示热烈的祝贺。长汀公祭母亲河活动筹委会收到日本、菲律宾、法国、澳大利亚、加拿大、美国、南非、巴西、荷兰、毛里求斯、新加坡、泰国、马来西亚、柬埔寨、越南等国家和中国香港、台湾的客属社团、个人的贺电、贺信共326份。

北京、上海、陕西、河南、四川、广西、江西、广东等地和本省各地的客家联谊组织纷纷发来贺电。共和国开国上将、时任全国政协副主席杨成武，时任新华社香港分社副社长张俊生，时任福建省副省长黄小晶，客属领袖田家炳等专门发来了贺电，对世界客属首次公祭母亲河活动表示热烈祝贺。

● 首次公祭客家母亲河大典

　　世界客属首次公祭客家母亲河大典的隆重举行是天下客家人的一次盛大回归，是客家首府改革开放的一个历史转折点。

　　夜幕降临，汀州古城火树银花，五彩缤纷。新落成的客家母亲园内灯火璀璨，彩旗飘扬。在灯光的映衬下，客家母亲塑像显得格外的端庄、秀丽。塑像后面巨大弧形屏风上"情系母亲河"五个金色大字闪闪发光，屏风下面摆放着由各色鲜花组成的花坛。数万汀州百姓早已等候在大街两旁。

　　晚上7时许，鼓乐奏响，长号齐鸣，代表长汀客家文化精髓的仪仗队从汀州文庙走来。走在最前面的是具有中华民族精神象征的舞龙队，青龙代表刚强威武，黄龙代表神圣尊贵，青龙和黄龙是长汀人对中华龙特有的理解和诠释。舞龙队之后是汀州船灯队，汀州船灯是喜庆的象征，船灯总是在新年拜年时出现，今天的船灯是对远方客人表示由衷的欢迎。紧接着是河田花灯队，河田花灯驰名海内外，举世无双。河田花灯高约

客家首府 · 大美汀州

230

2米，除了主体由三层结构组成宫灯之外，在宫灯的周围还悬吊着一圈数百盏琉璃灯，每一盏琉璃灯都是长汀传统的菜油灯，油灯由玻璃制成，添上菜油，插上灯芯，一盏花灯犹如无数群星组成的灯山，令人叹为观止。长汀人说一盏灯就代表了长汀人民的一颗心，这无数的灯火，就代表长汀47万客家儿女的心。这时只听大锣响起，原来开锣鸣道是公祭仪仗队到了，两块"肃静"的牌子，引导长汀长号队。长号是长汀的传统艺术，专门用于祭祀的场合，其低沉浑厚的声音令人震撼，20把长号之声划破夜空，直达苍穹远处。长号之后是20位手持大红灯笼的侍女，侍女们身着传统长裙款款而来。侍女队之后是手持刀枪剑戟的武官队伍和文官队伍。文武官员之后是渔、樵、耕、读，渔民们穿渔服、手持渔网；樵夫穿草鞋短裤，身背柴刀和扁担；农夫们肩扛锄头，一身农夫打扮；书生们身穿长衫，背着书包。渔樵耕读是中华传统社会世世代代的持家之道，也是客家人祖祖辈辈传承的立足之本。最后压阵的是女子大鼓队，50面大鼓齐擂，声震屋宇。50名女子鼓手英姿飒爽，充分展示出长汀客家妹子的矫健和刚强。

随后是专程来长汀参加世界客属首次公祭客家母亲河的祭祖团，他们是以姚美良为团长的南源永芳集团有限公司祭祖团，以黄金昌为团长、姚森良为署理团长的马来西亚居銮客家公会祭祖团，以萧伦开为团长的马来西亚沙巴客家公会祭祖团，以黎国威为团长的香港客属社团联谊会祭祖团，以钟国水为团长的世界钟氏祭祖团，以刘志群为团长的泰国客属总会祭祖团，以曾良才为团长的新加坡南洋客属祭祖团，以陈盛雄为团长的台北中原客家崇正会祭祖团，以叶英超为团长的台湾长汀同乡会祭祖团以及广东、江西、河南、北京、上海、陕西和福建省有关市县的客家乡亲代表，参加首次公祭客家母亲河的海内外客家乡亲3万多名。中央电视台、福建电视台、广东电视台、《福建日报》《闽西日报》、闽西电视台以及来自马来西亚、中国香港等海内外共20余家新闻单位记者

100多人专程来汀采访报道这次祭祖盛典。

在万人队伍的欢迎下，仪仗队引导着各个祭祖团来到客家母亲园，此时母亲园庄严肃穆，灯火辉煌，海内外客家乡亲在客家母亲像前肃立。客家母亲像被一块巨大的红绸包裹，等待着揭开面纱的神圣时刻。晚7时18分，鸣土铳18响，象征汀江、韩江两岸18个市县，燃放鞭炮5万响。祭祖大典主持人长汀县政协主席蓝在田宣布世界客属首次公祭客家母亲河大典开始，此时长号吹响，锣鼓声大作，一面书写着巨大"祭"字的祭旗在母亲园内冉冉升起，祭旗两边的飘带上书写着一副对联："避战祸万里跋涉遍四海，创伟业千年历练承汉魂。"在场所有的来宾都深情地注视着灯光照耀下醒目的祭旗，默念着那凝集客家千年历史的对联。

长汀县领导致欢迎词。随后由主祭人姚美良先生及省、市、县领导，各祭祖团团长一起为客家母亲像揭幕，当大红绸揭开，客家母亲美丽的塑像出现在人们面前时，在场的人无不欢声四起，由衷地赞叹！姚美良先生以主祭人身份向塑像三鞠躬，姚美良的代表刘一其先生用抑扬顿挫的客家话恭诵祭文：

惟吾客家，汉族一枝。名门望族，圣贤之后。古居中原，避难南迁。汀州沃土，尧日舜天。客家首府，汀江上游。万竿筜翠，禀灵丹丘。艰辛创业，图展新猷。濒海播迁，盛旺梅州。九州各地，客音相求。漂洋过海，遍及五洲。近亿客裔，情系汀州。炎黄俊秀，播芳环球。母亲汀江，亘古长流。衍荫子孙，光耀千秋。洪建天国，孙摧皇帝。改天换地，朱叶无敌。振兴客家，激扬祖绪。世界闻名，贡献卓巨。勤劳勇敢，念土爱乡。不辞艰辛，奋发图强。睦邻友善，尊祖敬贤。客家美德，神州颂传。欣逢盛世，改革开放。客家精神，光大发扬。吾辈客裔，代代祭江，助我兴业，民富国强。伏惟尚飨。

祭文一字字一句句在夜空中回响，诉说着海内外游子多年来深藏已久的客家情愫。熊熊的火光中，祭文帛书化为一股青烟飘向了夜幕之中。随后海内外来宾来到汀江惠吉门码头漂放河灯，一盏盏造型别致的莲花灯、帆船灯，烛光闪烁。姚美良等来宾将一盏盏河灯小心翼翼地放入汀江之中，灯火随江而去，将客家乡亲们无尽的思念和美好的祝福带给远方的亲人。

此时一簇簇礼花腾空而起，客家母亲河汀江的上空万紫千红，绚丽多彩。这是主办方精心安排的焰火表演，参加公祭活动的来宾在汀江河畔兴趣盎然地观赏了"百业兴旺""蟠桃献寿""团结奋进""万紫千红""天女散花"等烟花表演。首次公祭客家母亲河大典圆满成功。

公祭大典的第二天，即 11 月 30 日上午 8 时 30 分，"中国汀州客家研究中心奠基典礼"仪式在长汀南寨广场隆重举行。福建省、市领导以及姚美良等海外祭祖团全休来宾，兄弟省、市、县代表，新闻机构等500 余人参加了奠基仪式。龙岩市县两级领导、海外嘉宾姚美良等在奠基仪式上发表讲话。兴建客家研究中心目的在于"广泛开展客家文化研究、交流客家学研究成果，收集、整理客家学资料，出版客家学术著作，接待海内外客家研究学者，使汀州客家研究中心成为客家学研究的基地，展示客家成果的窗口，交流联谊的场所"。

奠基典礼之后，海内外客家乡亲兴致勃勃地参观了汀州文庙和汀州根雕展，参观游览了著名的明清古街、汀州古城墙、汀州天后宫，来宾们还登临汀城南郊的朝斗岩。

下午 2 时，来自海内外的嘉宾欣赏了具有浓郁客家风情的文艺踩街。观礼台设在方方公园门前广场，观礼台上"世界客属首次公祭客家母亲河大典客家民俗风情文艺踩街"的横幅格外引人注目。来自长汀各界的业余民间艺术家和文艺爱好者 5000 余人，表演了丰富多彩的客家传统艺术。其中主要有宝伞旗幡队表演，客家威风锣鼓队表演，南山镇农民表演的台阁艺术，大同镇、古城镇、长汀一建公司、长汀二建公司的龙灯队以及南区小学和实验小学的儿童龙灯表演，濯田镇独具风情的手龙表演，童坊镇独树一帜的椆子龙灯表演，四都乡令人捧腹开心的花轿迎亲表演，三洲乡、河田镇令人叹为观止的汀州客家花灯，技巧高超的客家民乐演奏，长汀职业中专的舞狮表演，长汀一中的采茶扑蝶表演，还有长汀县直单位的鼓号、花束、腰鼓、秧歌等32支队伍民俗风情表演。长汀丰富的传统文化艺术使海内外来宾大开眼界，博得了他们热烈的掌声。紧接着是19部装饰精美、反映长汀改革开放新貌和人文风情的花车巡游。整个民俗风情表演和花车巡游从西外街经兆征路、水东桥、司前街、旱桥、营背街、东环路、丰桥至太平桥止，全长约3000米。汀州古城万人空巷，十余万长汀市民和海内外来宾们一起观看了空前盛大的民俗风情踩街。

　　飘零在外的游子，往日身处异乡，每每思念故土，临风洒泪，对月伤怀。如今，万里归心，找到了自己的根，沐浴母亲河的洗礼，怀远追思，正如姚美良所说："今天，我怀着喜悦的心情，第三次来到中国历史文化名城、客家首府——汀州，找到了我们多年来向往、希望找到的母亲。客家母亲河——汀江，孕育了一代又一代的海内外客家儿女，尤其在中华民族的近代史上，我们客家人为振兴中华做出了重大的努力和贡献。今天，在海内外各个领域中，我们客家人为中华振兴、为世界文明进步做出了新的努力和贡献。世界客属首次公祭客家母亲河大典的隆重举行，将给我们海内外第二代、第三代客家人带来一个希望——找到了自己的母亲。"

心心相印

　　1996年，是不平凡的一年。

　　这年的8月8日，长汀遭受了百年一遇特大洪灾，城区一片汪洋。长汀客家儿女在党和政府的领导下，发扬了客家人自强不息、艰苦创业的精神，奋起生产自救，重建家园。

面对这特殊年份，世界客属第二次公祭客家母亲河活动要不要继续举办，牵动了海内外客家乡亲的心。1996年8月26日，时任龙岩地委委

● 第二次公祭客家母亲河大典

员、宣传部部长张志南传达了龙岩地委、行署的三点意见：1. 长汀遇见百年罕见的"8·8"特大洪灾，在这种情况下，公祭客家母亲河活动还是要继续，通过公祭活动让更多的海内外客家乡贤了解长汀建设和灾后重建的有关情况；2. 公祭客家母亲河活动要认真筹备，一边抓生产自救，一边筹办好公祭活动；3. 不要完全照搬首届公祭客家母亲河活动的模式，要突出特色，突出亮点，突出汀州特点。

由全国政协委员、香港南源永芳集团有限公司董事长姚美良倡议发起的第二次公祭客家母亲河活动在海内外客家乡亲的支持和各级党委、人民政府的推动下顺利举行。

连接乡情，共渡难关。经过特大洪水洗礼的汀州大地依然精神抖擞，容光焕发。为了家园共同的母亲、共同的血脉和共同的根，来自新加坡、马来西亚、泰国、美国、法国以及中国的香港和台湾等地的 13 个客家团体和各地来宾、各界代表 2500 多人相聚在汀江母亲河畔，共话乡音，共叙乡情。

1996 年 10 月 17 日晚，汀州圣城花团锦簇，火树银花。古城墙上，147 盏代表着由汀州大本营繁衍出去的 147 姓红灯笼，倒映在波光粼粼的水面上，宛如一条红色的长龙伸向远方。公祭大典现场——汀江河畔的客家母亲园，旗幡飘扬，花灯齐放，人如潮涌，用白色大理石镶砌而成的巨大屏风上，"情系母亲河"五个金灿灿的大字在灯光辉映下显得分外耀眼夺目，海内外客家儿女怀着绿叶对根的情谊肃立在母亲雕像前，翘首期盼一个神圣时刻的到来。

19 时 30 分，鼓乐喧天，鞭炮齐鸣，隆重的公祭大典开始了。姚美良在讲话中深情地说："我们由世界各地会聚在客家母亲河身边，以虔诚的心情、隆重的典礼公祭客家母亲河，这在我们一生中是难得的盛举，也是值得纪念的一天！"

三湘衰鬓逢秋色，万里归心对明月。回到汀州，回到母亲的怀抱，已成为千千万万海外客家子孙的最大心愿。马来西亚祭祖团的刘志光先生说："去年我们才回来 12 人，今年增加到 150 多人，今后还会有更多的乡亲回来。"来自马来西亚沙巴州的 76 岁的谢荣双老人含着热泪说："我第一次来到汀州，今后我还要带我们的子孙回来，告诉他不要忘了自己的根！"

第二次公祭活动的参与性、代表性比首次公祭活动更广，美国、法国均有组团，海外团体比 1995 年增加了 4 个，人数也多了 1 倍，客家母亲河的凝聚力大大增强。

"情系母亲河——千人烛光之夜"是世界客属第二次公祭客家母亲河大典的大型文艺晚会。10 月 18 日晚，长汀中山公园（长汀一中广场）火树银花，绚丽多彩。无数的星星灯、彩灯如瀑布般从广场四周的树上垂下来，公园内的古樟树下由彩灯组成的"欢迎"字样璀璨夺目，100 多盏各式各样的花灯悬挂在广场四周，给人一种华美的感觉。广场的正前方是露天舞台，帷幕上悬挂着"情系母亲河——千人烛光之夜"的醒目大字，帷幕下方是彩绘的波涛滚滚的客家母亲河汀江，江上千帆竞发，奋勇向前，给人一种母亲河博大雄浑的强烈感受。

广场的中央整齐地排列着 80 张大圆桌，梅花型的红蜡烛、米黄色的台布、红色的烛光，夜幕下的广场一片辉煌。

晚上 6 时 30 分，海内外嘉宾在数百人组成的鼓号队伍的欢迎下进入公园，客人们有序地在一张张圆桌旁落座，兴致勃勃地观赏着这难得一见的美景。设在广场东西两侧的长汀县河田客家民间鼓乐队唢呐齐鸣，丝弦悠扬，富有长汀特色的客家传统民乐演奏吸引着海内外客人。特别是民间艺人的绝技表演由一人同时吹奏四把唢呐，引得人们的阵阵叫好和热烈的掌声，民间艺人的树叶吹奏清脆嘹亮，又博得人们的阵阵喝彩。长汀民间音乐的丰富多彩以及民间艺人的高超演奏技巧给客人们极大的视听享受。

千人烛光晚会开始了，这时由长汀厨师精心烹制的客家风味美食白斩河田鸡、豆腐糕、烧麦、烧大块、炒米粉、炸雪薯以及客家米酒先后由一群客家妹子端上桌来请客人们品尝，色香味俱佳的长汀风味美食博得客人们的交口称赞。在客人们品尝客家美食的间隙，充满客家民俗风情的文艺表演开始了，妙趣横生的客家民间歌舞"老鼠嫁女"，别具一格的"客家木屐舞"，优美抒情的舞蹈"汀江——客家的母亲河"，大气磅礴的"故土之恋"，以及客家山歌、民谣的演唱，赢得全场热烈的掌声。客人们也情不自禁地登台引吭高歌，激起大家一阵又一阵的掌声。

歌舞表演刚刚结束，立刻鼓乐齐鸣，化装巡游开始了。此时威风的锣鼓队、客家手龙表演、客家花灯、花轿迎亲、台阁表演、船灯、龙灯、椆子龙灯、茶灯围绕广场一圈，载歌载舞，锣鼓喧天，把千人烛光之夜推向了高潮。

10月19日，时任中共福建省委书记贾庆林在长汀宾馆亲切会见全国政协委员、香港南源永芳集团有限公司董事长姚美良及海外"第二届客家祭祖团"团长、副团长一行。

贾庆林说，姚美良倡议并策划的海外客家人祭祖活动是一件非常有意义的事情，联络了海内外客家人的乡情乡谊，吸引了大批海内外客家人来闽西长汀寻根，参观访问、经贸洽谈，促进了两岸统一，促进了闽西与海外的文化交流，促进了闽西地区精神文明和物质文明的建设。

世界客属第二次公祭客家母亲河活动在这特殊的背景下举办，让人难忘。在这一年里，我们曾遭受百年难遇的"8·8"特大洪水，给我们的生命财产造成了极大损失。然而，全县人民表现了非凡的意志和能力，齐心协力，团结奋斗，在极短的时间内，战胜了灾难，使全县人民的生产生活秩序迅速恢复了正常，社会安定。在这里，我们不会忘记世界客属乡亲给我们的大力支援。当你们从电讯中获知汀州遭受特大洪灾时，即闻讯而动，四处发动捐资、慷慨解囊，给我们汇来了巨额赈资，为我们迅速战胜困难雪中送炭，又一次奏响了客家人"同舟共济、救济扶困"的美曲，使客家精神再传寰宇。

人定胜天。大灾之年，我们通过百倍的努力最终夺取了大丰收。经济进一步发展，社会各项事业随之前进。值得回眸的是，我们在不平凡的丙子年里，先后迎接了来自世界各地的客属乡亲13批1000多人来汀寻根谒祖，叙谈亲谊，旅游观光，商谈经贸，共图发展。难忘那11月17日，世界客属13个代表团300多位乡亲聚集汀城，成功地举办了世界客属第二次公祭客家母亲河大典，乡情亲情使人感觉无限温暖，客家精神给人以极大鼓舞。

汀州走向世界，世界引入汀州的道路拓得更宽了，乡亲们的手拉得更紧了，步伐越迈越大了。战胜了百年难遇天灾后的汀州人与世界客属乡亲欢聚一处，共度那烛光之夜，确实令人难以忘怀。我们可以骄傲地说：1996年是我们的胜利之年！

情满汀江

1997年10月，福建省首届客家文化旅游节暨世界客属第三次公祭客家母亲河大典在长汀隆重举行。

为了筹备这次活动，龙岩市人民政府和省旅游局高度重视，时任龙岩市人民政府副市长徐继武在福州专门召开新闻发布会，在会上，他表示：在长汀举办"福建省首届客家文化旅游节暨世界客属第三次公祭客家母亲河大典"，旨在进一步弘扬客家文化，增进世界各地客属亲情，增强世界客属凝聚力，提高闽西和长汀在海内外的知名度和影响力，使长汀成为世界客家人的朝拜圣地，以此加快闽西和长汀改革开放步伐，推动旅游业的开发，促进闽西经济社会事业全面发展。

这次活动较往年呈现规格高、规模空前、内容丰富三大特点。由福

● 第三次公祭客家母亲河大典

建省旅游局、龙岩市人民政府主办，南源永芳集团有限公司、长汀县人民政府承办的第三次公祭母亲河活动，被纳入福建省首届客家文化旅游节中，并将此作为福建旅游年的重大活动项目，得到省、市领导的高度重视。时任中共福建省委书记陈明义，时任中共福建省委副书记习近平、副书记何少川、省人大常委会主任袁启彤、省政协主席游德馨等领导始终关心这一活动，陈明义、习近平在福州西湖宾馆亲切接见了姚美良，对姚美良在福州和将要在长汀举办的《孙中山与华侨》画展以及公祭客家母亲河活动给予充分肯定。时任省委常委、副省长张家坤，省长助理李庆洲，市委书记赵觉荣，市长游宪生以及省旅游局、省台办、省政协港澳办主要领导，福建省和广东、江西等有关市、县领导，各地旅游局领导，中央、省、市新闻单位代表参加第三次公祭客家母亲河和省首届客家文化旅游节。时任全国政协副主席杨成武将军、时任新华社香港分社副社长张俊生等发来了贺电。

10月17日晚，海外客属乡亲祭祖团，国内来宾，旅游、新闻单位和各界群众代表共两万多人欢聚在长汀举行隆重的开幕式。

省委常委、副省长张家坤，省长助理李庆洲，国务院台办交流局局长袁祖德，龙岩市委书记赵觉荣、市长游宪生、市政协主席杨金龙，省旅游局局长明敏等国家、省、市领导，长汀四套班子主要领导参加了公祭。

6时，公祭大典仪仗队伍从博物馆出发，精心策划设计的仪仗队伍既体现了祭祀大典的传统风格，又有较高层次的文化品位，令人耳目一新。仪仗队首先由两面大锣鸣锣开道，随后是"回避""肃静"两块禁牌，紧接着是一对大红灯笼，礼生身着长袍马褂，手执拂尘，缓缓而行。10把汀州传统大号吹响祭祀的号角，20面大锣和大钹有节奏地擂响，40把彩幡和宝伞迎空飞舞。六名虔诚的少年牵引着巨大的祭旗，随后是八名身着古代将服的武官，他们分别手持斧头、大刀、金瓜和戟，威风凛凛；八名文官头戴乌丝。代表汉族持家传统的"渔、樵、耕、读"队伍紧随其后，"渔夫"头戴斗笠，腰系鱼篓，手持渔网；"樵夫"腰挎柴刀，肩扛扁担；"农妇"头戴客家妇女凉笠，肩扛锄头；"书生"头戴书生方巾帽，身着书生长衫。最后是8名手持灯笼的古装仕女。整个仪仗队庄严、肃穆，高文化品位的构思及严谨的编排受到沿途观众的一致赞扬。

7时许，所有海外祭祖团、海内外嘉宾在方方公园门前随仪仗队伍从桥下坝街，经过五通桥彩门进入母亲园内。

全国政协委员、南源永芳集团有限公司董事长姚美良先生任本次公祭大典主祭人。以姚森良先生为团长的马来西亚居銮客家公会祭祖团，以刘再光先生为团长的新加坡南洋客属总会祭祖团，以彭德聪先生为团长的马来西亚沙巴州亚庇客属公会祭祖团，以丘京润先生为团长的马来西亚沙捞越客属公会祭祖团，以周通盛先生为团长的新加坡茶阳（大埔）励志祭祖团，以张维新先生为团长的法国崇正总会祭祖团，以黎国威先生为团长的香港客属社团首长联谊会祭祖团，以郑健先生为团长的台北长汀同乡会祭祖团，以钟国水先生为团长的马来西亚瓜拉冷岳祭祖团，以张万达先生为团长的马来西亚马口槟城客家公会祭祖团以及参加闽台文化交流的全体代表参加了公祭大典。

姚美良先生在讲话中，首先感谢长汀县人民政府授予他和他的大哥荣誉市民的称号，同时，对福建省人民政府把世界客属第三次公祭客家母亲河大典纳入福建1997旅游年的重大项目，提升为省首届客家文化旅游节，表示由衷的谢意。他还说，中国正处于一个伟大的时代，祖国国力日益强大，令世界为之惊叹，也让海外的华人扬眉吐气！海外华人寻根热潮方兴未艾，公祭活动正是顺应了这一时代的要求，得到海内外客家乡亲的热烈响应。

新加坡南洋客属总会的刘一奇先生以抑扬顿挫的音调诵读祭文，祭祀大典结束后，各地来宾纷纷到汀江河边漂放河灯，祝愿所有的来宾一帆风顺，祝愿母亲河万古不息，祝愿客家首府繁荣昌盛。

姚美良倡导发起在长汀举行的第三次公祭客家母亲河大典，又被升格为福建省首届客家文化旅游节。为了烘托旅游和公祭大典的气氛，让参加公祭大典的海内外客家乡亲能观赏到这难得一见的高水平画展，姚美良先生毅然决定《孙中山与华侨》国际画展破格专程到长汀展出。这是长汀文化艺术的一件盛事，是弘扬爱国主义、振奋民族精神的重大活动。

10月18日上午，举行隆重的展出剪彩仪式。龙岩市委、市政府、市人大、市政协，省旅游局及长汀县四套班子敬献了祝贺花篮。海内外客家乡亲600多人参加了剪彩仪式。

18日下午在长汀南寨广场举行大型广场文艺演出——《情满汀江》。《情满汀江》以母亲河汀江为载体，将长汀丰富多彩的客家传统文化融入其中，以3000人的表演阵容，气势磅礴地向来宾展示了一幅幅令人叹为观止的图卷。用蓝绸布组成的汀江，波浪起伏，滚滚向前，由 100 条船灯组成的队伍，犹如千帆竞发在汀江上破浪而行，一艘巨大的篷船缓缓而来，船头上挺立着与波浪搏斗的客家妇女。这时《人间第一情》的歌声响起，全体观众报以热烈的掌声。江水退去，行帆渐远，这时只见 300 名身披薄纱的女演员，展开巨大的翅膀，如北飞的大雁，排列成整齐的队伍飘飘而来，浩浩天风雁归来，汀江万里动归心。雁阵北飞而去，又见 300 名儿童手提百家姓灯笼在广场上快乐地跳着灯笼舞，300 名客家妹头戴凉笠，跳起了别具一格的斗笠舞，一组组优美的造型，犹如广场上盛开的簇簇鲜花。此时锣鼓响起，鞭炮齐鸣，唢呐吹起了喜乐，花轿娶亲成为广场上引人注目的亮点，新娘新郎走上观礼台向来宾们敬上客家酒，表示客家人最诚挚的情意。《情满汀江》由长汀县政府组织演出，轰动了各界，来宾们纷纷赞扬由一县之力量组织大规模高水平的活动，体现了长汀深厚的文化底蕴。

长汀县政府承办的省首届客家文化旅游节暨第三次公祭客家母亲河活动，大大提高了长汀的知名度，打开了山门，让长汀走向世界，把世界引入长汀，对长汀经济建设、对外开放、发展旅游事业都产生了深远影响。副省长张家坤赞扬这次活动是省级水平，联结了乡情，增强了世界客属凝聚力。

海峡情缘

海峡两岸地缘相近，血缘相亲，文缘相承，商缘相连，法缘相循。两岸"五缘"的交往有效地促进了两岸文化、经济、商贸、旅游等各项事业的发展。

2010 年 5 月，省政府黄小晶省长组织了福建千人考察团赴台湾考察，长汀县政府领导和有关部门负责人参加了考察团。在台期间，长汀县领

● 第十六次公祭客家母亲河大典

导与台湾新竹县县长邱镜淳先生共同签署了 2010 年 9 月在长汀联合举办"世界客属第十六次公祭客家母亲河大典"活动的协议。龙岩市政府和台湾有关部门签署了共同举办海峡旅游欢乐节的协议。考察团回国后，国家旅游局把海峡旅游欢乐节和世界客属第十六次公祭客家母亲河大典相结合，一并在长汀举办，同时作为在厦门举办的第六届海峡旅游博览会的子项目来安排。

　　海峡旅游欢乐节和世界客属第十六次公祭客家母亲河大典在长汀举行，这是长汀文化生活的大事，也是给长汀人民发展的一个机遇。县政府对此高度重视，把这次筹备活动作为展示长汀客家首府魅力、彰显客家文化、提升长汀国家历史文化名城知名度的重要举措，决定在黄金地段城区梅林大道两侧、汀江东面划拨土地 86 亩，拟投资 1.6 亿元人民币兴建世界客家母亲缘广场，同时新塑客家母亲石雕像。

　　2010 年 8 月 21 日，客家母亲石雕像落成。客家母亲雕像参照莆田湄州妈祖像，采用麻石雕刻，高 20.35 米。新建成的客家母亲像位于母亲缘广场南侧，经纬度为：坐南偏西（未兼丁）205′，向北偏东（丑兼癸）25′。背靠南屏山"朝斗烟霞"，同青山相傍，与四周自然景观相协调，很是和谐。新的客家母亲像显得格外秀丽端庄，和谐慈祥。兴建的世界客家母亲缘广场，传我中华民族之正气，扬我客家民系之精神，人心所向，山高水长！成为世界客属寻根谒祖的圣地！

海峡两岸尽春风。客家母亲像的塑立，世界客家母亲缘广场的兴建，定能更好地促进海峡两岸的鱼水情深，定能凝聚世界客家人的赤诚之心，推动客家文化发扬光大！推动客家事业宏图大展！

2010 年 9 月 9 日 20：00，中国历史文化名城，客家首府长汀客家母亲缘广场（北侧），华灯四射，欢歌笑语，由国家旅游局、省人民政府主办的"2010 年海峡客家旅游欢乐节暨世界客属第十六次公祭客家母亲河大典开幕式"在这里隆重举行！来自海峡两岸的同胞和世界客家乡亲15000 多人，在这里共同见证了"海峡客家，欢乐龙岩！"

十届全国政协常委、国务院参事任玉岭；十一届全国政协常委、中国侨联原副主席林明江；中国人民解放军总装备部高级顾问上官世盘少将；中央直属机关工委原副书记贾祥；上海市浦东新区政协原主席李佳能；国家旅游局港澳台司副司长李亚莹；省人大常委会副主任袁锦贵；省文化厅厅长宋闽旺；省旅游局局长郭恒明；省台联党组书记、省台办副主任林卫国；省侨办副主任邓伦成；省侨联副主席谢小健；马来西亚居奕客家公会会长姚森良；马来西亚客家联合会永远名誉会长萧光麟；世界客属总理事长邱镜淳；中华两岸旅游产业发展协会理事长沈冠亚及龙岩市委、市政府、长汀县委、县政府领导出席了开幕式，并在主席台上就座。

市委副书记陈健寿主持了开幕式。

台湾世界客属总理事长、新竹县县长邱镜淳发表了热情洋溢的讲话，他说：

十分荣幸作为主办单位的身份参加 2010 年福建海峡客家旅游欢乐节暨第十六次公祭客家母亲河大典活动，一踏上长汀的土地，就感觉到长汀山美、水美，长汀客家乡亲的热忱好客，使我如归故里。古老的长汀城不愧为历史文化名城、客家首府！今天晚上客家首府长汀万家灯火，客家母亲河两岸火树银花，相信通过这次活动，必将推动海峡两岸客家乡亲的交流合作，促进客家地区旅游事业的发展，进一步加强两岸经济的成长达到双赢！

海峡两岸的客家人同根同源，同属炎黄子孙，中华文明源远流长，自一年前台湾与大陆实现了三通，海峡两岸人民交流更加密切，经济贸易有了很大的成长。在天灾来临之际，两岸人民互帮互助，充分体现了血浓于水的兄弟情谊，我们希望两岸之间经济贸易合作能有更大的提升，造福于两岸人民。

今年 5 月，新竹县与长汀县签订了建立紧密经济文化合作关系的协议，我

● 客家母亲缘广场及母亲像

们将在"平等自愿、优势互补、诚实信用、长期合作、共同发展"的原则下，在农业、工业、文化旅游、科技、信息资源等方面开展交流合作，为两地谋求发展，为两县人民谋福祉。

长汀是著名的客家首府，是客家人的祖地，新竹县也是台湾客家人集中居住的地区，我们热忱欢迎长汀客家乡亲多来新竹县观光旅游和谋求商机，让我们弘扬客家精神，共同开创两县文化经济合作、互利发展的美好前景！

近年来，龙岩市认真贯彻落实省委、省政府加快旅游业发展的战略，围绕"海峡客家"主题，把旅游业作为全市重点产业来抓，全面建设最佳旅游目的地，旅游业已初步显示出巨大的发展魅力！

龙岩举办海峡客家旅游欢乐节，顺应了加快海峡两岸经济区建设的新形势、新要求，是打造客家旅游文化的一个重要举措，对扩大海峡客家文化旅游的影响力，促进两岸的旅游与文化的双向互动，促进区域经济的跨越发展具有极为重要的意义并产生极其深远的影响。

开幕式上，国家旅游局港澳台司副司长李亚莹代表国家旅游局发表了讲话，她指出："龙岩是海峡两岸的新兴旅游区，这里山川秀丽，风景迷人，自然景光和历史积淀异常丰富，海峡旅游欢乐节是一年一度的旅游盛会，已成为推动两岸旅游合作的重要桥梁和纽带，本次旅游节呼应以'文化旅游、和谐共赢'为主题的中国文化旅游主题年活动，围绕'海峡客家，欢乐龙岩'主题，突出'相聚客家首府，体验汀州古韵'内涵，是一次主题鲜明、内容丰富、影响广泛的活动。我相信，通过举办本次活动，海峡两岸旅游界必将增进了解、增加友谊、加强合作，共同构建资源共享、优势互补、市场互惠、信息互通、机制互动的新型合作体系，为海峡两岸旅游业的繁荣发展做出新的贡献！"

省人大常委会副主任袁锦贵宣布："2010年海峡客家旅游欢乐节暨世界客属第十六次公祭客家母亲河大典开幕！"

247

鼓乐和鸣、礼花怒放、欢声雷动！数万客家父老乡亲共同祝愿海峡两岸繁荣昌盛！共同祝愿世界客家走向辉煌！

龙岩市人民政府副市长张斯良主持世界客属第十六次公祭客家母亲河大典。

马来西亚太平绅士姚森良先生发表了热忱洋溢的讲话，他说：

今年我是第16次参加世界客属公祭客家母亲河大典了，16年来，公祭客家母亲河活动得到了龙岩市、长汀县人民政府和长汀各界客家乡亲的全力支持，也得到海内外客家乡亲的热烈响应，已成为长汀客家首府与世界客家乡亲弘扬客家文化，增进客家乡亲友谊，促进客家首府走向世界的重要活动。

今年，长汀县人民政府花巨资建造世界客家母亲缘广场，将极大提升长汀作为客家首府的作用和地位，成为客家首府的重要文化品牌。

客家文化寻根活动已成为全球华人心系中华、不忘根本的重要组成部分，作为炎黄子孙，我们为中华民族的复兴和祖国的繁荣昌盛而倍感自豪。我们要把中华民族的优秀传统和客家精神一代一代传下去，为弘扬客家文化、振兴中华贡献我们的绵薄之力。

万方乐奏，钟鼓和鸣，客家母亲，泽被绵长！

击鼓鸣钟鸣礼炮，象征着第十六次公祭大典的16响礼炮，伴随着钟鼓声响彻云霄！

拳拳音容惜珍重，款款风姿动乡情。来自世界各地的客家乡亲，捧上艳丽的花篮，向客家母亲致以最崇高的敬意！

客家文脉，薪火相传，光宗懿德，母仪典范！世界羽毛球冠军长汀籍运动员陈宏和妻子——台湾著名羽毛球运动员辜佩婷点燃象征着世界客家薪火相传的圣火！

浓浓客家情，悠悠汀江水，屏山下，梅林中，圣洁的土地、圣洁的慈母，

万民敬仰，万众朝拜！主祭人沐浴、更衣、净手上香，感怀慈母的恩泽！

炎黄子孙，四海客家，会聚南屏山之麓，朝斗烟霞，谨以鲜花礼乐，聊表至诚之心，喜看客家首府，繁花似锦，大地春深，海西名城，水秀山清，盛世和谐，民富业兴，秉承先祖之遗风，弘扬客家之美德，缅怀客家艰苦创业之精神，展望首府光辉灿烂之前程，吾辈客裔，敬献心香，惟布虔诚，伏维尚飨！表达客家人对伟大母亲无比敬仰的祭文，回荡在客家首府广袤的大地上，直上九霄，恩泽绵长！

汀江母亲，客家亲娘！风华盖世，恺悌慈祥，丽质天成，贤淑益彰，孕我客家民系，弘启华夏之光……由客家乡贤，福建师范大学原党委书记邱炳浩作的《客家母亲赋》，在千名少儿的朗朗稚声中，回荡在客家母亲缘上空，脍炙人口，荡气回肠，表达了客家人对母亲河的无限热爱，彰显了客家人艰苦创业、再铸辉煌的拳拳之心！

汀州，是一方血脉的缘；汀江，是万叠蓬勃的浪。抚今追昔，继往开来，客家情怀，殷切永恒，客家精神，源远流长！由600名少女表演的大型舞蹈《源远流长》献给慈祥的母亲。此刻，龙灯、桷子灯、手龙灯飞舞，船灯摇曳，花灯、茶灯、玻璃子灯、百家姓灯璀璨夺目，簇拥在母亲像的周围。世界客属第十六次公祭客家母亲河大典礼成！礼炮礼花怒放，鼓乐齐鸣，让客家母亲护佑海峡客家，四海客家乡亲永远如意吉祥，繁荣兴旺，幸福安康！

在海峡客家欢乐节暨第十六次公祭母亲河大典活动期间，来自台湾和祖国大陆各地的99对新人，情系汀江，缘定汀州，站在客家母亲河畔喜结百年之好。长汀县人民政府县长林旭和来自海峡两岸的名人共同为99对新人证婚：经核实，参加今天集体婚礼的99对新人符合法定结婚年龄，办理了结婚登记手续，婚姻合法有效，千年古城可以见证，客家母亲河可以见证，客家乡亲可以见证！

公祭活动期间，一场基于悠悠的历史文化和人文景观，通过艺术的

创作，体现汀州古朴浓厚的文化底蕴和客家文化的风采与魅力的大型广场文艺演出《情满汀江》，在长汀火车站广场隆重上演，海内外客家乡亲6000多人观看了文艺演出，演出赢得了广泛赞誉。

随后，海峡客家旅游欢乐节的重头戏《客家美食千壶（福）宴》，在历史文化名城长汀三元阁广场举行，参加2010年海峡客家欢乐节和世界客属第十六次公祭客家母亲河大典的海内外客家乡亲以及参加《缘定汀州》集体婚礼的99对新人共同见证了盛会并品尝了长汀客家美食。

三元阁广场中央，设内圆直径4米，两边延伸长100米、宽2米的长形展示台，中间放置"千壶（福）宴"壶王一把，100多种获得"中华名小吃""福建名小吃"认定品牌和各乡镇特色小吃，与各乡镇自酿的客家米酒，用99把大小不一的长汀传统酒壶盛装，摆放在展示台上，十分壮观。千壶（福）宴上，各乡（镇）献上了100多种地方风味小吃和特色菜肴，充分体现了中国客家菜之乡的风采，更充分展示了长汀客家人热情好客的优良传统。

美食荟萃，酒醇芳香，热情洋溢，吃在汀州。客家美食千壶（福）宴，充分展示了历史文化名城、客家首府、中国客家菜之乡的风采与魅力；充分展示了长汀客家民俗的优秀传统文化；充分体现了长汀客家人热情好客的情怀。

美酒芬芳连海峡，美食飘香驻客家，长汀的美酒、长汀的美食走向海峡，走向世界，更是走进千千万万客家人的家！

从1995年开始，由原全国政协委员、马来西亚太平绅士、香港南源永芳集团有限公司董事长姚美良及其胞兄姚森良倡导发起的世界客属公祭客家母亲河大典，至今已成功举办21次，在海内外客家乡亲中引起了积极的反响。21年来，共有近30个国家和地区32万多人次客家乡亲回到客家首府寻根谒祖，促进了"两岸同根，四海一家"的共识。

第四节
汀江乡愁

一位汀州客家赤子曾这样写道:"有时,人会淡薄很多东西,包括故乡。当你接近故乡时,又会勾起许多回忆,也会产生新的向往。……弄不清楚为什么突然就对这片土地如此眷恋,也许是因为我深悟了生命的短暂和无常,想多亲近亲近生我养我的乡土和亲人。"

是啊,每一位久别故乡的汀州客家游子都会不由自主地牵挂着那一块充满族情、亲情、乡情、客情、友情的热土——长汀,总会想起那誉满天下的河田鸡,浓浓的糯米酒,可口的豆腐干,还有沁人心脾的汀江水……所有这些承载了多少汀州客家游子无尽的乡愁!

回首历史,客家人迁徙的过程充满着血泪和辛酸。为求生存,求发展,客家人纷纷南迁,他们举家迁徙或者结伴而行,经历千辛万苦,来到异国他乡。当他们在异国他乡燃起第一缕炊烟,周围的世界又是那么陌生时,他们真实地感受到离开祖国,离开故乡的那种伤痛,那份依恋,一种海外游子的思乡之情油然而生。

一条裤带过番邦,

两手空空敢飞天。

不怕吃尽苦中苦,

自有无穷甜上甜。

迁徙海外的客家人远离自己的家园，到陌生的"番仔地"去闯荡、去开拓，他们在海风的熏染下，将山区吃苦耐劳的精神融入了海洋的阔大气象。踏平坎坷成大道，事业有成报桑梓。几百年来，走出山门，走向海洋，走向世界的客家人无论走到天涯海角，都时时不忘家乡的明月、心中的故园。他们在异国他乡经历了"落叶归根—落地生根—落地寻根"的过程，如今大部分人加入了居住国的国籍，但他们永远念着、恋着、爱着故园的那一片热土，那条汀江母亲河。

这座古城，这条汀江，每一条街巷，每一个地名，每一栋建筑，每一幢宗祠留下的都是乡愁，承载了海内外客家人心中的念想。为了传承客家文化，弘扬淳朴民风，实现"望得见山、看得见水、留得住乡愁"的美好愿景，长汀县委、县政府在这方面做了不懈努力。

2000 年，长汀的经济开始迅猛发展，但经济快速发展和城市建设却使长汀不少历史留存的古民居及历史风貌消失了。

长汀县委、县政府也注意到了这一点，为延续和保护好名城的风貌，2009 年，长汀县委、县政府积极筹措资金，启动了世界客家母亲缘项目建设。该项目包含 3 个子项目：世界客家母亲缘广场、汀州客家剧院、汀州客家首府博物馆（该子项目为省客联会确定的全省十大文化工程之一）。母亲缘项目受到了省、市领导，相关部门以及广大群众的热情关心与大力支持。长汀县委、县政府划拨位于县城中心的南寨梅林土地 150 亩，用于项目建设；县委、县政府的决定也得到了广大干部群众的拥护和支持，项目选址内的居民积极配合政府部门做好土地、房屋的征用与拆迁。

2010 年以来，长汀县全面启动国家历史文化名城保护与重建项目，在对四大街区（体现唐代风貌的东大街—乌石巷历史文化街区、体现明清风貌的店头街—五通街历史文化街区、体现民国时期风貌的水东街历

史文化街区、体现宋代风貌的南大街历史文化街区）进行保护的同时，重点进行"一江两岸"项目建设。

"一江两岸"工程主要是从太平桥至汀州大桥河段两岸的景观建设及航道疏通、恢复旅游航运功能的一个工程，自太平桥开始，经泰安桥、水东桥、五通桥、梅林大桥，直至汀州大桥结束，贯穿6座大桥，全长约2.1公里。

长汀县委、县政府组织有关人员查阅了大量的历史文献，根据历史资料记载，一条汀江贯穿长汀，沿江原有很多的古代码头、古寺庙、古城门和亭台楼阁，有朝天门广场、文昌阁、谢公楼、宋慈路、妈祖码头、大戏台、王阳明茅舍、上官周写生台、丽春门、惠吉门码头、五通桥码头、水东桥码头、纪晓岚客栈、文天祥指挥台等历史景观。"一江两岸"要做的就是重建这些建筑，恢复从太平桥到汀州大桥之间的水上旅游航运和古汀州万家灯火、歌舞升平的景象。

还原长汀古城的历史风貌，绝对不是简单的复制。早期的文献和照片资料显示，吊脚楼是汀州沿江建筑的主要形式，而马头墙也是独具客家内敛风格的建筑。客家人几经迁徙，在迁徙过程中不断学习和吸收各种文化元素，从客家文化中找到其他文化的影子，也是客家人包容兼并性格的历史必然。

为了规避古城修复后过分浓厚的商业气息，在修复工程完工后，古城除了保留原住民居住，只供游客参观，而游客的住宿、消费将在"一江两岸"景区进行，以此来保护古城不被商业反噬。

近年来，长汀为提升名城旅游品牌，大力开展了四大街区等名城保护与旅游开发工作，通过开展店头街整治与旅游业态布局工作以及"一江两岸"旅游主景区工程建设，逐步把店头街打造成一条较为成熟的旅游古街区，并修复了多处古韵汀州特色旅游景观。2014年以来，长汀为进一步加大"四大街区"整治与开发力度，成立了四大街区保护修复开发办公室，分别从综合协调、环境整治、文创景观、开发与业态规划实施、文艺工艺挖掘等方面开展特色历史古街区保护开发工作。目前，保护与开发各方面工作有序推进，通过深入实地调研，先后完成了古街俚语挖掘、古装设计、南门景区旅游开发与业态规划方案及规划图等工作。下一步，将启动店头—五通街"服务管理区、酒肆文化展示区、酒文化展示区、手工艺展示区、特色民宿区、宗祠家庙与古民居展示区"的整治与业态入驻工作。

"四大街区"是长汀历史文化名城核心区的重要组成部分，该街区最早形成于唐代，历经1000多年历史沧桑，一直延续到民国初年都是长汀最繁华的街市。目前在该街区还留存着丰富的非物质文化遗产，包括数十种传统手工艺作坊，散发着浓郁的传统文化气息。新一轮整治与开发就是充分发掘这一优势，让传统文化进一步焕发新的活力，打造特色的以商业、旅游观光、传统手工作坊和休闲民居为主的旅游街区，使之成

● 一江两岸

为具有丰富的民俗文化生活和旅游价值的明清古街，让历史文化名城更具魅力，以此推动长汀旅游业的发展。

与此同时，长汀县按照党的十八大提出的大力推进生态文明建设、努力建设美丽中国的要求，结合建设全国生态文明示范县的目标，制定了《长汀县美丽乡村建设实施意见》，提出以长汀生态经济走廊为主线、产业文化生态特色村为重点，以垃圾卫生治理为前提，以周边环境整治为基础，以美化绿化亮化为促进，以生态环境保护为内涵，以完善公共配套为要素，以文化、产业、旅游发展为提升，以民风改善机制建设为保障，努力建设一批"村庄秀美、环境优美、生活甜美、社会和美"，宜居、宜业、宜游的美丽乡村；同时成立由县委书记为组长、县长为副组长的创建美丽乡村领导小组，实施一事一议奖补美丽乡村试点县项目之后，全县18个乡镇以生态经济走廊为主线，筛选出44个村开展美丽乡村建设试点。

长汀县美丽乡村建设因地制宜，不搞千村一面，不大拆大建、大挖大填、大栽大种，而是按照一村一风格，一村一特色，注重文化传承，保留自然景观，保护植被生态，保持田园风貌，彰显乡村特色，给人以返璞归真的感觉。

2014年以来，长汀县紧紧抓住"汀江生态经济走廊"建设这一契机，依托当地的自然生态优势，深度开发绿色生态休闲旅游，建成"汀江源龙门漂流""曲凹哩漂流"等项目，利用客家母亲河汀江源头自然景观优美、人文积淀丰厚的优势，极力打造国家历史文化名城核心景区的重要配套旅游项目。

如今，汀江由北而南的现代农业示范园区、新型工业园区、生态旅游区迅速崛起，汀江生态经济走廊正成为长汀发展的增长极。长汀正建设以汀江为主线、"一江两岸"为纽带的汀江生态经济走廊，加强生态农业、生态工业、生态旅游业、生态人居建设，将长汀建设成为"望得见山、看得见水、留得住乡愁"的美丽家园和全国生态文明建设示范区。

主要参考文献

（宋开庆）胡太初修，赵与沐纂《临江志》，福建人民出版社 1990 年版。

（清乾隆）曾日瑛等修，李绂纂《汀州府志》，方志出版社 2004 年版。

长汀县地方志编纂委员会编《长汀县志》，生活·读书·新知三联书店 1987 年版。

长汀县地方志编纂委员会编《长汀县志》，生活·读书·新知三联书店 2007。

林开钦：《论汉族客家民系》，福建人民出版社 2011 年版。

张思庭、刘善群：《石壁之光》，厦门大学出版社 1993 年版。

李文生、张鸿祥、何群：《守望客家》，海风出版社 2007 年版。

李文生、张鸿祥：《吃在汀州》，中国言实出版社 2000 年版。

蔡诗河：《客乡赤子情》，马来西亚客家联合会 1995。

中共龙岩市委主办《闽西日报》，2000。

福建省客家学会主办《客家大文化》，2000 年第 2 期，《客家》杂志编辑出版。

李木生：《客家探源》，马来西亚柔佛州客家文化研究联谊会 2005 年版。

谢重光：《福建客家》，广西师范大学出版社 2005 年版。

后记

　　长汀是块神奇而又充满活力的热土，一千多年的历史沉淀孕育了丰富的客家文化，苦难辉煌铸就了厚重的红色基因。新中国成立后，特别是改革开放以来，在中国共产党的领导下，长汀客家儿女发扬"滴水穿石，人一我十"的长汀精神，以"进则全胜，不进则退"的大无畏的英雄气概，万众一心，奋力拼搏，披荆斩棘，治理水土，取得了辉煌成就，造就了美丽的生态文明。昔日的火焰山变成了花果山，荒山变成了绿洲，如今森林茂密，繁花似锦，瓜果飘香，实现了生态与产业齐飞，生态与民生并举。

　　"大美汀州"丛书的编纂工作正是基于此从 2015 年 10 月开始启动，终于付梓。值此纪念中国共产党成立 100 周年之际，谨以此丛书献给广大读者，以进一步弘扬中华优秀文化与中国共产党的优良传统和作风，不忘初心、继续前进，为实现中华民族伟大复兴的中国梦而努力。

　　丛书的编写是集体智慧的结晶。整套丛书的观点是参加讨论人员思想的相互碰撞、深入交流的成果。"大美汀州"系列丛书分为《历史名城》《客家首府》《红军故乡》《生态家园》《长汀映像》，各位作者分别从不同视角执笔撰写，诠释大美汀州。具体分工为:《历史名城》的主编为郭文桂，执行主编为李文生、张鸿祥;《客家首府》的主编为肖剑南，执行主编为李文生、付进林；《红军故乡》的主编为曹敏华、执行主编为李文生、张鸿祥；《生态家园》的主编为林红，执行主编为李文生、廖金璋；《长汀映像》的主编为叶志坚，执行主编为李文生、叶海文。

本书在编写过程中得到了许多领导的关心与支持，中共福建省委党校常务副校长陈雄指导了本丛书的撰写，副校长徐小杰组织教授专程来长汀共同探讨丛书的编写工作。中共长汀县委书记廖深洪、长汀县人民政府县长马水清十分关注丛书的编纂工作，提出要将这套丛书作为宣传长汀的一项重要工作来抓。具体由长汀县政协主席丘发添负责丛书的统筹协调，汀州客家联谊会会长李文生负责丛书的统筹和大纲的撰写。中共长汀县委党校、长汀县文体广电新闻出版局、汀州客家联谊会等单位为丛书的编纂提供了积极帮助。在此，让我们道一声：谢谢你们了！

我们尤为感谢福建省人大常委会原副主任谢先文和福建省人民政府副省长李德金倾情作序。

我们特别感谢社会科学文献出版社的编辑们对此丛书进行了认真的审阅，感谢他们辛勤的付出以及对本丛书写作和出版提供的大力支持。

长汀悠久的历史文化、璀璨的客家文化、光辉的红色文化、和谐的生态文化使"大美汀州"的映像呈现于世人面前，这是我们宝贵的精神财富，守护好这座精神家园是历史赋予我们的神圣职责。

由于我们的认知有限、经验不足，本丛书还有许多不足之处，期盼广大读者给予批评指正。

编者于长汀

图书在版编目（CIP）数据

客家首府 / 肖剑南主编 . -- 北京：社会科学文献
出版社 , 2021.6
（大美汀州）
ISBN 978-7-5201-3022-6

Ⅰ . ①客… Ⅱ . ①肖… Ⅲ . ①客家人—民族文化—研
究—长汀县 Ⅳ . ① K281.1

中国版本图书馆 CIP 数据核字 (2018) 第 146890 号

· 大美汀州 ·
客家首府

主　　编 / 肖剑南
执行主编 / 李文生　付进林

出 版 人 / 王利民
责任编辑 / 张建中

出　　版 / 社会科学文献出版社 · 政法传媒分社（010）59367156
　　　　　　地址：北京市北三环中路甲 29 号院华龙大厦　邮编：100029
　　　　　　网址：http://www.ssap.com.cn
发　　行 / 市场营销中心（010）59367081　59367083
印　　装 / 北京盛通印刷股份有限公司

规　　格 / 开 本：787mm×1092mm　1/16
　　　　　　印 张：17.5　字 数：226 千字
版　　次 / 2021 年 6 月第 1 版　2021 年 6 月第 1 次印刷
书　　号 /ISBN 978-7-5201-3022-6
定　　价 / 97.00 元

本书如有印装质量问题，请与读者服务中心（010 – 59367028）联系